Deutsch als Fremdsprache

Julia Stephan

Übungen zur deutschen Grammatik

Sprachniveau A2 – B1

Verlag Liebaug-Dartmann

Meckenheim 2021
ISBN 978-3-96425-006-3

Über das Buch

- Das Buch enthält abwechslungsreiche Übungen zum Erlernen, Festigen und Wiederholen der wichtigsten Themen der Grammatik.
- Sätze und Texte in den Übungen basieren auf der Alltagsprache.
- Das Buch kann in allen Deutschkursen A2 bis B1 parallel zu jedem Lehrwerk eingesetzt werden.
- Es enthält kurz und klar gefasste Erklärungen und übersichtliche Lernlisten.
- Die Progression wird berücksichtigt: jedes Kapitel beginnt mit einfacheren Übungen und der Schwierigkeitsgrad steigt.
- Für die schnelle Übungsauswahl ist das Buch nach grammatischen Bereichen gegliedert.

Über die Autorin

Dr. phil. Julia Stephan hat 1988–1994 Germanistik an der staatlichen Universität in Samara, Russland, studiert und 2007 auf dem Gebiet *Geschichte der deutschen Sprache* an der Martin-Luther-Universität Halle/Saale promoviert. Seit 2004 unterrichtet sie in Deutschkursen für Migranten auf allen Niveaus.

Inhaltsverzeichnis

1 VERB

1.1 Verben mit Vokalwechsel

Einige Verben wechseln in der 2. und 3. Person Singular Präsens den Vokal: a → ä und e → i/ie.
Beispiel:

Person	nehmen	fahren
ich	*nehme*	*fahre*
du	*n**i**mmst*	*f**ä**hrst*
er/sie/es	*n**i**mmt*	*f**ä**hrt*
wir	*nehmen*	*fahren*
ihr	*nehmt*	*fahrt*
Sie/sie	*nehmen*	*fahren*

Übung 1: Bilden Sie Sätze im Präsens.
Beispiel: nach Frankreich fahren, Sabine – Sabine fährt nach Frankreich.

1. Zeitungen, lesen, jeden Tag, Paul
2. du, am Wochenende, lange, schlafen
3. ihr, essen, gern, was
4. über Autos, mein Kollege, sprechen, gern
5. fahren, zur Arbeit, du, mit dem Bus
6. Mühe, geben, ihr, euch, viel
7. er, sein Auto, waschen, jede Woche
8. über die Straße, laufen, eine Katze
9. Jens, mich, nicht, sehen
10. Luisa, ihrer Mutter, helfen, im Garten
11. immer, Anna, tragen, Sportschuhe
12. vergessen, oft, du, deiner Freunde, die Geburtstage
13. ihr, treffen, wann, euch

Übung 2: Ergänzen Sie die Sätze mit dem passenden Verb.
essen, geben, laden, behalten, lesen, werden, nehmen, lassen, fallen, empfehlen, halten, raten, verlassen, gefallen, stehlen

1. Der Dieb ___________ dem Mann seine Tasche und läuft weg.
2. Wer ___________ nicht gern Schokolade?
3. ___________ du das für dich?
4. Was ___________ du davon?
5. Der Chef ___________ uns jeden Tag neue Aufgaben.
6. Die Katze ___________ immer dicker.
7. Dieser Gedanke ___________ mir keine Ruhe.
8. Um 7 Uhr morgens ___________ Thomas sein Haus.
9. Das Kind ___________ ein interessantes Buch.
10. Der Arzt ___________ mir das neue Medikament, das ich in der Apotheke kaufen soll.
11. Frida ___________ mir, mit Andreas zu sprechen.
12. Ich finde die Wohnung schön. Sie ___________ mir.
13. Der Tourist ___________ ein Taxi.
14. Der Computer ___________ das neue Programm herunter.
15. Der Apfel ___________ nicht weit vom Stamm.

Übung 3: Ergänzen Sie die Sätze.

1. Birgit ___________ alle ihre Freunde zum Essen ________. (*einladen*)
2. Der Verkäufer ___________ vom Vertrag ________. (*zurücktreten*)
3. ___________ du die Zeitungen ________? (*wegwerfen*)
4. Warum ___________ ihr uns die Sachen ________? (*wegnehmen*)
5. Man ___________ uns ________, umzuziehen. (*vorschlagen*)
6. Er ___________ seine Ausbildung schon wieder ________. (*abbrechen*)
7. Du ___________ zu viel ________. (*fernsehen*)
8. Er ___________ in die Wohnung ________. (*eintreten*)
9. ___________ jetzt eure Blätter ________. (*abgeben*)
10. Mia ___________ die Kopien im Bürgerservice ________. (*abgeben*)
11. Wie ___________ man dieses Wort ________? (*aussprechen*)
12. ___________ du deine Schwester ________? (*mitnehmen*)
13. Du ___________ umwerfend ________. (*aussehen*)
14. Wann ___________ du mit der Arbeit ________? (*anfangen*)
15. Am Wochenende ___________ er gern ________. (*ausschlafen*)
16. Nach einem anstrengenden Tag ___________ das Kind schnell ________. (*einschlafen*)
17. Der Zug ___________ um 8 Uhr ________. (*abfahren*)
18. ___________ du deinen Salat noch ________? (*aufessen*)
19. Wer ___________ das Geschirr ________? (*abwaschen*)

1.2 Trennbare und untrennbare Verben

Verben mit Präfix können trennbar oder untrennbar sein.

Trennbare Präfixe: *ab – an – auf – aus – auseinander – bei – da – dar – ein – empor – entgegen – entlang – entzwei – fehl – fern – fest – fort – für – gegenüber – heim – her – hin – hinterher – hoch – inne – los – mit – nach – neben – nieder – vor – weg – weiter – zu – zurecht – zurück – zusammen*
Beispiele: **Ich kaufe im Supermarkt ein. Ich habe im Supermarkt eingekauft.**

Untrennbare Präfixe: *be-, emp-, ent-, er-, ge-, hinter-, miss-, ver-, zer-,*
Beispiele: **Ich besuche meinen Freund. Ich habe meinen Freund besucht.**

Mit folgenden Präfixen können Verben manchmal trennbar und manchmal nicht trennbar sein:
durch-, über-, um-, unter-, wieder-, wider-
Beispiele: **Sie schaut sich im Zimmer um. Er umarmt seinen Freund.**

Übung 1: Bilden Sie Sätze im Präsens.

1. sie (Sg.) – aufstehen – jeden Morgen um sechs

   ____

2. er – zurückkommen – in zwei Wochen

   ____

3. ich – verstehen – Ihre Frage

   ____

4. ich – besuchen – meinen Onkel – im Sommer

   ____

5. sie (Sg.) aufhängen – die Wäsche – zum Trocknen

   ____

6. ich – mitkommen – nicht

   ____

7. die Musik – gefallen – mir

   ____

8. er – einkaufen – im Kaufhaus – im Stadtzentrum

   ____

Übung 2: Setzen Sie die Verben richtig ein.

1. Wir haben gestern den Vertrag ______________ (*unterschreiben*).
2. Die Schüler haben den Text von der Tafel ______________ (*abschreiben*).
3. Er hat das Buch ins Englische ______________ (*übersetzen*).
4. Sie hat sich zum Sprachkurs ______________ (*anmelden*).
5. Er hat eine bessere Wohnung gefunden und ist ______________ (*umziehen*).
6. Du hast viel Lob ______________ (*verdienen*).
7. Sie macht nicht weiter. Sie hat ihren Traum ______________ (*aufgeben*).
8. Ich habe im Urlaub zwei Kilo ______________ (*zunehmen*).
9. Im Urlaub haben wir viel ______________ (*unternehmen*).
10. Mich hat meine Oma ______________ (*großziehen*).

Übung 3: Bilden Sie Sätze im Perfekt.

1. wir – bekommen – ein Geschenk – von unserem Freund Max

   ____

2. ich – einschlafen – erst um zwei Uhr

   ____

3. er – bestehen – die Prüfung – und – das Zertifikat – bekommen

   ____

4. wir – verpassen – den Zug. er – abfahren – ohne uns

   ____

5. ich – übersehen – den Fehler – und – keine gute Note – erhalten

   ____

6. ich – einsteigen – in den falschen Zug

   ____

7. er – erklären – mir – den Weg zum Bahnhof

   ____

8. sie – bezahlen – das Auto – bar

   ____

Übung 4: Ergänzen Sie die Sätze mit dem richtigen Präfix.

1. Es ist so warm hier, mach bitte das Fenster _______!
2. Hast du morgen Abend etwas _______? Vielleicht könnten wir zusammen essen gehen.
3. Er möchte die Nachrichten hören und macht das Radio _______.
4. An der Konferenz nehmen Vertreter aus Politik und Wirtschaft _______.
5. Ich gehe shoppen. Kommst du _______?
6. Der Zug kommt um 10 Uhr in Berlin _______.
7. In welchem Raum findet die Besprechung _______?
8. Ich steige am Zoologischen Garten _______ und gehe zu Fuß weiter.
9. Paul ist mit den Hausaufgaben fertig und sieht _______. Am liebsten sieht er Tierfilme.
10. Mach bitte den Fernseher _______ und geh an die frische Luft!
11. Um 16 Uhr hole ich immer mein Kind vom Kindergarten _______.
12. Der Unterricht fängt um 8 Uhr _______.
13. Hör mit dem Quatsch _______!
14. Heute ziehe ich mich warm _______, denn es wird heute noch kälter als gestern.
15. Er setzt sich auf die Couch und ruht sich _______.

Übung 5: Ergänzen Sie das Verb.

1. Ich ______________ über Ihren Vorschlag bis morgen nach.
2. Er ______________ morgens immer von allein auf, er braucht keinen Wecker.
3. Er ______________ seine Mutter jeden Abend um die gleiche Zeit an und fragt, wie es ihr geht.
4. Es ist kalt; deswegen ______________ er das Fenster zu.
5. Sie ______________ sich auf die Prüfung vor.
6. Ich ______________ Sie zu meinem Geburtstag ein.
7. Peter ______________ auf seine kleinen Geschwister auf.
8. Er ______________ die Jacke aus, weil es warm ist.
9. Am Wochenende schläft er lange. Er ______________ erst gegen 11 Uhr auf.

Übung 6: Ergänzen Sie.

beantworten, aufstehen, ~~laufen~~, putzen, einsteigen, weiterschlafen, vorbereiten, aufräumen, einkaufen, ~~klingeln~~, sich unterhalten, abwaschen, anziehen, fernsehen, essen, einladen, unterschreiben, anrufen, ausschalten, verlassen, frühstücken, einschlafen, anfangen, zubereiten, gehen, gehen, fahren, ankommen

Um 6:30 Uhr __klingelt__ der Wecker. Frau Niedens möchte gern ________________, aber sie muss ________________. Sie ________________ ins Badezimmer. Dort ________________ sie sich die Zähne und ________________ frische Kleidung ______. Sie ________________ schnell und ______________ das Haus.

Frau Niedens __läuft__ zur Bushaltestelle. Sie _____________ in den Bus ______ und _____________ zur Arbeit. Um 08:00 Uhr ______________ sie im Büro _______. Wie immer hat sie auch heute viel zu tun. Sie __________ Kunden ______, _____________ E-Mails, ____________ Präsentationen ______ und ____________ Verträge.

Nach der Arbeit, um 17 Uhr _____________ sie im Supermarkt ______. Zu Hause _____________ das Abendessen ______. Sie möchte nicht alleine essen und _____________ ihre Freundin ______. Sie _____________ zusammen und _____________ ______. Um 20:00 Uhr _____________ die Freundin nach Hause. Frau Niedens _____________ das Geschirr ______ und _____________ die Küche ______. Um 21 Uhr _____________ ein interessanter Film ______. Sie _____________ nur bis 22 Uhr ______, denn sie ist müde. Sie _____________ den Fernseher ______ und _____________ bald ______.

1.3 Verben, Adjektive und Wortgruppen mit Präpositionen

Verb, Adjektiv, Wortgruppe + Präposition	Beispiel
abhalten von D.	*Ich kann ihn nicht vom Kauf abhalten.*
abhängen von D.	*Das hängt ganz von dir ab.*
abhängig von D.	*Er verdient kein Geld und ist finanziell völlig von seinen Eltern abhängig.*
achten auf A.	*Er achtet auf seine Gesundheit.*
ändern an D.	*Was kann man an der Sache ändern?*
anfangen mit D.	*Gleich fangen wir mit der Arbeit an.*
angewiesen auf A.	*Alte Menschen sind oft angewiesen auf die Hilfe ihrer Familie.*
Angst haben um A.	*Sie hatte Angst um ihren Sohn, der plötzlich krank wurde.*
Angst haben vor D.	*Meine Freundin hatte Angst vor dem großen Hund.*
ankommen auf A.	*Es kommt aufs Wetter an, ob wir morgen einen Ausflug machen.*
antworten auf A.	*Sie hat auf meine Frage nicht geantwortet.*
appellieren an A.	*Ich appelliere an sein Gewissen.*
Appetit haben auf A.	*Ich habe Appetit auf ein großes Eis.*
arbeiten an D.	*Seit sechs Monaten arbeitet die Gruppe an diesem Projekt.*
ärgern/sich über A.	*Der Verbraucher ärgert sich über die hohen Preise.*
aufhören mit D.	*Du solltest mit dem Rauchen aufhören.*
aufmerksam auf A.	*Der Lehrer hat uns auf unsere Fehler aufmerksam gemacht.*
aufpassen auf A.	*Anne passt nicht gern auf ihren kleinen Bruder auf.*
ausgehen von D.	*Die Polizei geht von einem Verbrechen aus.*
aussehen nach D.	*Es sieht nicht nach einem Gewitter aus.*
basieren auf D.	*Die Angaben basieren auf der aktuellen Statistik.*
bedanken/sich bei D.	*Die Nachbarin hat sich herzlich bei uns bedankt.*
bedanken/sich für A.	*Ich bedanke mich für Ihre Hilfe.*
befassen/sich mit D.	*Ich will mich mit diesem Thema nicht befassen.*
befreundet mit D.	*Er ist mit dem Oberbürgermeister befreundet.*
begeistert von D.	*Wir waren von dem Konzert total begeistert.*
beginnen mit D.	*Ich beginne meinen Tag mit einer Tasse Kaffee.*
bekannt für A.	*Barcelona ist bekannt für seine schöne Architektur.*
beliebt bei D.	*Der neue Englischlehrer ist bei allen Kindern sehr schnell beliebt geworden.*
bemühen/sich um A.	*Das Geschäft bemüht sich um das Wohl der Kunden.*
berichten über A.	*Die Journalistin berichtet über die letzten Ereignisse im Nahen Osten.*
beschäftigen/sich mit D.	*Er beschäftigt sich aktiv mit dem Umweltschutz.*
beschränken/sich auf A.	*Beim heutigen Treffen beschränken wir uns auf ein Thema.*
beschweren/sich bei D.	*Er beschwert sich beim Behördenleiter über die Unhöflichkeit einer Mitarbeiterin.*
beschweren/sich über A.	*Sie beschwerte sich über den nächtlichen Lärm.*
bestehen auf D.	*Die Parteimitglieder bestehen auf dem Rücktritt des Vorsitzenden.*
bestehen aus D.	*Das Buch besteht aus zehn Kapiteln.*
bestehen in D.	*Seine Aufgabe besteht in der Kontrolle der Arbeitsbedingungen.*
beteiligt an D.	*Ich will nicht an diesem Blödsinn beteiligt sein.*

Verb, Adjektiv, Wortgruppe + Präposition	Beispiel
bewerben/sich bei D.	*Ich bewerbe mich bei der Firma Walter.*
bewerben/sich um A.	*Um welche Stelle bewerben Sie sich?*
bezeichnen als A.	*Man kann ihn als Genie bezeichnen.*
beziehen/sich auf A.	*Das bezieht sich nicht auf dich.*
bitten um A.	*Ich bitte Sie um Entschuldigung.*
blass vor D.	*Sie ist blass vor Angst geworden.*
böse auf A.	*Sei nicht böse auf mich, aber mir gefällt deine Idee nicht.*
dankbar für A.	*Für Ihre Hilfe bin ich Ihnen sehr dankbar.*
danken für A.	*Ich danke dir für das Geschenk.*
denken an A.	*Ich denke gerade an meine Mutter.*
diskutieren über A.	*Die Politiker diskutieren über das neue Gesetz.*
distanzieren/sich von D.	*Er hat sich von all seinen Freunden distanziert.*
drücken/sich vor D.	*Diana drückt sich vor der Arbeit.*
eifersüchtig auf A.	*Sie ist eifersüchtig auf ihren kleinen Bruder, mit dem Oma mehr Zeit verbringt.*
einigen/sich über A.	*Die Parteien müssen sich über das weitere Vorgehen einigen.*
einigen/sich auf A.	*Wir mussten uns auf einen neuen Termin einigen.*
einladen zu D.	*Er hat uns zu seinem Geburtstag eingeladen.*
einstellen/sich auf A.	*Die Landwirtschaft muss sich auf den Klimawandel einstellen.*
einverstanden mit D.	*Sie sind nicht einverstanden mit der Politik der Regierung.*
ekeln/sich vor D.	*Meine Tochter ekelt sich nicht vor dem Frosch.*
entscheiden/sich gegen A.	*Er hat sich gegen die Tradition seiner Familie entschieden.*
entscheiden/sich für A.	*Ich habe mich für eine Ausbildung entschieden.*
entscheidend für A.	*Motivation ist entscheidend für den Erfolg.*
entschlossen zu D.	*Der Verbrecher ist verzweifelt und zu allem entschlossen.*
entschuldigen/sich bei D.	*Er hat sich sofort bei der Kollegin entschuldigt.*
entschuldigen/sich für A.	*Ich möchte mich bei den Nachbarn für den Lärm entschuldigen.*
entsetzt über A.	*Die Lehrerin ist entsetzt über das respektlose Verhalten seiner Tochter.*
entfernt von D.	*Dieser Traum ist weit entfernt von der Realität.*
enttäuscht von D.	*Ich bin enttäuscht von deiner negativen Einstellung.*
erfahren von D.	*Sie dürfen nichts von meiner Reise erfahren.*
erfreut über A.	*Er ist sehr erfreut über den beruflichen Erfolg seiner Tochter.*
ergeben/sich aus D.	*Aus der Statistik ergibt sich, dass Männer mehr als Frauen verdienen.*
erholen/sich von D.	*Ich will mich von dem städtischen Lärm erholen.*
erinnern/sich an A.	*Ich kann mich nicht an dieses Gespräch erinnern.*
erkennen an D.	*An seiner Stimme konnte man erkennen, dass er sehr nervös war.*
erkundigen/sich nach D.	*Hast du dich nach den Öffnungszeiten erkundigt?*
erstaunt über A.	*Ich bin erstaunt über sein phänomenales Gedächtnis.*
fähig zu D.	*Er ist nicht fähig zu einer langen Beziehung.*
fertig mit D.	*Bist du fertig mit dem Essen?*
forschen nach D.	*In diesem Labor forscht man nach neuen Stoffen.*

Verb, Adjektiv, Wortgruppe + Präposition	Beispiel
fragen nach D.	*Ich habe sie nach den Öffnungszeiten gefragt.*
freuen/sich auf A.	*Ich freue mich auf den Urlaub.*
freuen/sich für A.	*Du hast es geschafft. Ich freue mich für dich.*
freuen/sich über A.	*Ich habe mich sehr über seinen Brief gefreut.*
freundlich zu D.	*Sei bitte freundlich zu deinem neuen Mitschüler.*
froh über A.	*Tina ist sehr froh über die Einladung zum Vorstellungsgespräch.*
fürchten/sich vor D.	*Sie fürchten sich vor dem Monster.*
gehen um A.	*Im Artikel geht es um die politische Lage in Venezuela.*
gehören zu D.	*Sie gehört zu unserer Familie.*
geeignet für A.	*Dieses Spielzeug ist nicht für Kinder unter drei Jahren geeignet.*
geraten in A.	*Unsere Freundin ist in Schwierigkeiten geraten.*
gespannt auf A.	*Ich bin sehr gespannt auf unser Wiedersehen nach so vielen Jahren.*
gewöhnen/sich an A.	*Das Kind hat sich schnell an die neue Umgebung gewöhnt.*
gewöhnt an A.	*Mein Magen ist an scharfes Essen nicht gewöhnt.*
glauben an A.	*Man muss an sich selbst glauben.*
glücklich über A.	*Bist du glücklich über die Verlobung von Anne und Kevin?*
gratulieren zu D.	*Ich gratuliere dir zum Geburtstag.*
gut in D.	*In Mathe ist er sehr gut.*
gut zu D.	*Sie war schon immer gut zu ihren Nachbarn.*
halten für A.	*Er hält uns für Idioten.*
halten von D.	*Was hältst du von dieser Idee?*
handeln/sich um A.	*Im Buch handelt es sich um eine wissenschaftliche Forschung.*
hängen an D.	*Meine Freundin hängt sehr an ihrer Arbeit.*
helfen bei D.	*Kannst du mir beim Aufräumen helfen?*
hinweisen auf A.	*Man hat uns auf die Hausordnung hingewiesen.*
hoffen auf A.	*Ich hoffe auf einen Erfolg unserer Fußballmannschaft.*
hören auf A.	*Das Kind hört nicht auf seine Großeltern.*
hören von D.	*Hast du etwas davon gehört?*
informieren/sich über A.	*Im Sekretariat kann man sich über die Termine informieren.*
interessieren/sich für A.	*Sie interessiert sich für Geschichte.*
interessiert an D.	*Wir sind an einem persönlichen Gespräch interessiert.*
kämpfen für A.	*Er kämpft für seine Liebe.*
kämpfen gegen A.	*Die Vereinten Nationen kämpfen gegen den Terrorismus.*
kämpfen um A.	*Die Sportler kämpfen um die Medaillen.*
klagen über A.	*Sie klagt über die schlechte Stimmung im Büro.*
kümmern/sich um A.	*Anna kümmert sich um ihren Bruder, wenn ihre Eltern nicht zu Hause sind.*
lachen über A.	*Alle lachten über meinen Witz.*
leiden an D.	*Viele Menschen leiden an Migräne.*
leiden unter D.	*Die Tiere leiden unter der Hitze.*
Lust haben auf A.	*Ich habe keine Lust auf lange Gespräche.*
mangeln an D.	*Ihm mangelt es an Berufserfahrung.*

Verb, Adjektiv, Wortgruppe + Präposition	Beispiel
müde von D.	*Sie ist müde von der langen Reise.*
nachdenken über A.	*Ich muss über Ihren Vorschlag nachdenken.*
neidisch auf A.	*Ich bin etwas neidisch auf seinen Erfolg bei Frauen.*
neigen zu D.	*Unsere Nachbarin neigt zu Depressionen.*
neugierig auf A.	*Alle sind neugierig auf Annas neuen Freund.*
nett zu D.	*Sei bitte nett zu deinem Bruder!*
protestieren gegen A.	*Zehntausende protestierten gegen die Korruption der Regierung.*
rächen/sich an D.	*Er wollte sich an uns rächen.*
reagieren auf A.	*Der Betrieb reagiert schnell auf die Bedürfnisse der Kunden.*
rechnen mit D.	*Die Experten rechnen mit einer Verbesserung der wirtschaftlichen Entwicklung.*
reden mit D.	*Ich habe mit ihm noch nicht geredet.*
reden über A.	*Meine Tante redet nicht gern über die Vergangenheit.*
reich an D.	*Äpfel sind reich an Vitamin B.*
richten an A.	*An wen soll ich meinen Antrag richten?*
riechen nach D.	*Das Spülmittel riecht nach Zitrone.*
rot vor D.	*Sie wurde rot vor Zorn.*
sagen zu D.	*Was sagst du zu seinem Vorwurf?*
schädlich für A.	*Zucker ist schädlich für die Zähne.*
schämen/sich für A.	*Das Kind schämt sich für die Lüge.*
schicken an A.	*Ich habe die Einladungen an all meine Freunde geschickt.*
schimpfen auf A.	*Er schimpft immer auf seinen Sohn.*
schimpfen über A.	*Es hat keinen Sinn, über das Wetter zu schimpfen.*
schließen aus D.	*Aus Ihrer Antwort schließe ich, dass Sie bereit sind, uns zu unterstützen.*
schmecken nach D.	*Die Kaugummis schmecken nach Kaffee.*
schreiben an A.	*Sie hat an die Stadtverwaltung geschrieben.*
schuld an D.	*Die Fußgängerin war nicht schuld an dem Unfall.*
schützen vor D.	*Alarmanlagen schützen vor Diebstahl.*
sein für A.	*Er ist für die Entscheidung der Mehrheit.*
sein gegen A.	*Er ist immer gegen mich.*
sorgen/sich um A.	*Ich sorge mich um meine Zukunft.*
sorgen für A.	*Die Klimaanlagen sorgen für entspannte Nachtruhe.*
sprechen mit D.	*Mit meiner Schwester kann ich über alles sprechen.*
sprechen über A.	*Wir haben über den Urlaub gesprochen.*
stimmen gegen A.	*Auf der Versammlung hat er gegen die Änderung der Arbeitszeiten gestimmt.*
stimmen für A.	*Die Mehrheit hat für die neue Regelung gestimmt.*
stinken nach D.	*Hier stinkt es nach Benzin.*
stolz auf A.	*Wir können stolz sein auf das, was wir erreicht haben.*
streben nach D.	*Die Menschen streben nach Gerechtigkeit und Meinungsfreiheit.*
streiten /(sich) mit D.	*Sie streitet dauernd mit ihrem Bruder.*
streiten über A.	*Über diese Kleinigkeit will ich nicht streiten.*
streiten/(sich) um A.	*Die Mannschaften streiten sich um den dritten Platz.*
suchen nach D.	*Er möchte nach Berlin umziehen und sucht dort nach einer Wohnung.*

Verb, Adjektiv, Wortgruppe + Präposition	Beispiel
täuschen/sich in D.	*Ich habe mich in dem Kollegen getäuscht – er hat keine Erfahrung.*
teilnehmen an D.	*Wer möchte am Wettbewerb teilnehmen?*
telefonieren mit D.	*Sie telefoniert fast jeden Abend mit Ihrer Schwester.*
trauern um A.	*Das Land trauert um seinen verstorbenen König.*
träumen von D.	*Meine Frau träumt von einem großen Haus am Meer.*
unabhängig von D.	*Sabine will unabhängig von der Hilfe des Staates sein.*
unterhalten/sich mit D.	*In der Pause unterhalte ich mich gern mit meiner neuen Kollegin.*
unterhalten/sich über A.	*Wir haben uns lange über den Urlaub unterhalten.*
überreden zu D.	*Sie hat mich zu dieser Reise überredet.*
überzeugt von D.	*Wir sind überzeugt von der Notwendigkeit, Müll zu trennen.*
verantwortlich für A.	*Die Eltern sind für ihre Kinder verantwortlich.*
verärgert über A.	*Er ist über die Verspätung des Zuges verärgert.*
verbergen vor D.	*Unsere Freundin versuchte, ihre Krankheit vor allen zu verbergen.*
verantwortlich für A.	*Ich bin verantwortlich für das neue Projekt.*
vereinbaren mit D.	*Sie hat einen Termin mit dem Versicherungsberater vereinbart.*
verfügen über A.	*Eva verfügt nicht über die notwendigen Kenntnisse und braucht Hilfe.*
vergleichen mit D.	*Ich vergleiche die Kopie mit dem Original, finde aber keine Unterschiede.*
verhandeln über A.	*Unsere Firma verhandelt mit Lieferanten über Preise und Konditionen.*
verheiratet mit D.	*Sie ist mit einem Arzt verheiratet.*
verstecken vor D.	*Meine Tochter hat den Schlüssel vor mir versteckt.*
verlangen nach D.	*Der verärgerte Kunde verlangt nach einem Gespräch mit dem Geschäftsführer.*
verlassen/sich auf A.	*Andreas hält immer, was er verspricht. Man kann sich auf ihn verlassen.*
verlieben/sich in A.	*Sie hat sich in ihren Nachbarn verliebt.*
verrückt nach D.	*Die Fans sind verrückt nach ihrem Idol.*
verstehen/sich mit D.	*Mit meiner Cousine verstehe ich mich nicht so gut. Wir streiten uns oft.*
verstoßen gegen A.	*Der Mieter verstieß gegen die Hausordnung und bekam eine Abmahnung.*
verurteilen zu D.	*Sie wurde zu einer Geldstrafe verurteilt.*
verzichten auf A.	*Ich muss auf den Urlaub im Sommer verzichten, denn wir haben so viel Arbeit.*
vorbereiten/sich auf A.	*Die Studentin hat sich sehr gut auf die Prüfung vorbereitet.*
warnen vor D.	*Der Wetterdienst warnt vor schweren Gewittern in der Region.*
warten auf A.	*Wir haben drei Monate auf diesen Termin gewartet.*
wehren/sich gegen A.	*Meine Kollegin wehrt sich gegen die Vorwürfe.*
wenden/sich an A.	*Mit dieser Frage wenden Sie sich an Frau Halm im Zimmer 208.*
wichtig für A.	*Eine gute Ausbildung ist wichtig für deine Zukunft.*
wissen über A.	*Wissen Sie etwas über den neuen Mitarbeiter?*
wundern/sich über A.	*Ich wundere mich sehr über seine Entscheidung.*
wütend auf A.	*Sie ist immer noch wütend auf mich, obwohl ich mich entschuldigt habe.*
ziehen an D.	*Sie zieht ihre Schwester an den Haaren.*
zufrieden mit D.	*Mit dem Ergebnis der Untersuchung ist er zufrieden.*
zweifeln an D.	*Ich zweifle nicht an seiner Ehrlichkeit.*
zwingen zu D.	*Die Mitarbeiterin wurde zur Kündigung gezwungen.*

Übung 1: Ergänzen Sie die Präpositionen.

1. Um 16 Uhr höre ich _______ der Arbeit auf.
2. Sie antwortet nicht _______ meine Fragen.
3. Ich freue mich _______ das Geschenk. Der Ring ist wunderschön!
4. Denk bitte _______ den Termin!
5. Ich verstehe mich sehr gut _______ unseren Nachbarn.
6. Er wundert sich _______ gar nichts mehr.
7. Ich habe mich dann doch _______ die Reise in die USA entschieden, denn die wäre zu teuer für mich.
8. Er hat sich _______ den Kindern _______ den Fehler entschuldigt.
9. Ich habe mich am Infostand _______ den Öffnungszeiten erkundigt.
10. Sie erinnern sich gern _______ ihr erstes Treffen.
11. Ich habe mich sofort _______ diese Stadt verliebt.
12. _______ der Klassenfahrt haben 18 Kinder teilgenommen.
13. Sie haben sich _______ die Möglichkeiten unterhalten, sich beruflich weiterzubilden.
14. Fragen Sie im Sekretariat _______ dem nächsten Prüfungstermin!
15. Sie kümmert sich alleine _______ den Haushalt und die Kinder.
16. Er träumt _______ einem sorglosen Leben in einem Haus am Meer.
17. Sie bewirbt sich _______ dem Brandenburger Schulamt _______ eine Stelle als Lehrerin.
18. Hier riecht es _______ leckeren Pfannkuchen.
19. Im Film geht es _______ die komplizierten Beziehungen zwischen Kindern und Eltern.
20. Warum zweifelst du _______ meiner Ehrlichkeit?
21. _______ seine Hilfe kann ich verzichten.
22. Er hat sich gut _______ das Vorstellungsgespräch vorbereitet.
23. Diese Äpfel schmecken _______ nichts.
24. Der Hund gehört _______ unserer Familie.
25. Er hat nur ein Hobby. Er interessiert sich nur _______ Fußball.
26. Wartest du _______ den Bus?
27. Er hat die Hoffnung _______ Erfolg nie aufgegeben.

Übung 2: Ergänzen Sie die Präpositionen.

1. Ich will nicht, dass er etwas _______ unserem Plan erfährt.
2. Dass er immer wieder Ärger bekommt, liegt nur _______ seiner Faulheit.
3. Er hat es doch geschafft, mich _______ einem Treffen zu überreden.
4. Ich versuche, sie _______ unserem Plan zu überzeugen.
5. Ich glaube nicht, dass man sich _______ ihn verlassen kann.
6. Ärgere dich nicht _______ Menschen, die hinter deinem Rücken über dich reden.
7. Er hat _______ dem Rauchen aufgehört, als er 30 war.
8. Die Umweltschutzaktivisten protestieren _______ die Umweltverschmutzung durch Kreuzfahrtschiffe.

9. Ich will mich _______ dieser Aktion nicht beteiligen.
10. Wir haben uns _______ den Termin geeinigt.
11. Ich fürchte mich _______ dem Gewitter.
12. Am Anfang war es schwer, aber mit der Zeit haben wir uns _______ die neuen Arbeitszeiten gewöhnt.
13. Wer kümmert sich _______ das Essen?
14. Heute hat uns der Chef wieder _______ die neuen Regeln hingewiesen.
15. Ich habe nicht vor, stundenlang _______ dieses Thema zu diskutieren.
16. Was halten Sie _______ meiner Idee?
17. Kannst du bitte _______ meinen Koffer aufpassen? Ich gehe nur mal schnell zur Informationstafel.
18. Ich habe _______ meinem Chef einige Änderungen im Vertrag vereinbart.
19. Der Wetterdienst hat _______ einem starken Gewitter gewarnt.
20. Er hat vergeblich _______ seinen Schuhen gesucht.
21. Kannst du deinem Bruder _______ den Hausaufgaben helfen?
22. Das Eis riecht _______ Himbeere.
23. Ich habe schon lange nichts mehr _______ ihm gehört.
24. Unser Deutschkurs besteht _______ fünf Frauen und sieben Männern.
25. Er neigt _______ emotionalen Ausbrüchen.
26. Sie besteht _______ ihrem Recht.

Übung 3: Ergänzen Sie die Präpositionen.

1. Ob wir den Ausflug machen, ist _______ dem (_______m) Wetter abhängig.
2. Ich bin _______ die Unterstützung meiner Kollegen angewiesen.
3. Sie wird böse _______ mich sein, aber ich muss ihr die Wahrheit sagen.
4. Ich bin Ihnen dankbar _______ Ihre Teilnahme an meinem Projekt.
5. Er ist _______ meinem Bruder befreundet.
6. Wir sind nicht begeistert _______ der Idee unseres Sohnes auszuziehen.
7. Wir sind zufrieden _______ unserem Leben hier.
8. Niko war schon immer eifersüchtig _______ meinen Erfolg.
9. Bist du _______ dem Vorschlag einverstanden?
10. Ich bin enttäuscht _______ deinem Verhalten auf der Party.
11. Man ist der Meinung, dass das Gas Kohlendioxid schädlich _______ die Umwelt ist.
12. Er ist nicht fähig _______ solcher Leidenschaft.
13. Wir sind erstaunt _______ seine Entschlossenheit.
14. _______ dem Kochen bin ich schon lange fertig.
15. _______ wem ist Melissa verheiratet?
16. Die Fans sind stolz _______ den Erfolg ihrer Mannschaft.
17. Er ist nicht schuld _______ dem, was mit Elli passiert ist.
18. Ich bin älter, weiser und reicher _______ Erfahrung.

19. Ich bin neugierig _______ die Antwort der Behörde.
20. Dass man neidisch _______ andere Menschen ist, gibt niemand gerne zu.
21. Wer ist verantwortlich _______ die Qualität des Trinkwassers?
22. Es ist wichtig _______ ihn, verstanden zu werden.
23. Er ist bekannt _______ sein rhetorisches Talent.
24. Sie ist begeistert _______ ihrer neuen Arbeitsstelle.
25. Er vergleicht mich _______ seiner Mutter.

Übung 4: Ergänzen Sie die Artikel bzw. Possessivartikel.

1. Was hältst du von __________ Ergebnis der Verhandlungen?
2. Bitte wundern Sie sich nicht über __________ neuen Plan.
3. Die Mutter hat sich über __________ Ordnung im Kinderzimmer gewundert.
4. Ich habe schon lange nichts von __________ Onkel gehört.
5. Ärgere dich nicht über __________ Leute, die meinen, dass sie alles besser wissen.
6. Er hat sich über __________ schlechte Essen im Restaurant beschwert.
7. Du erkennst sie an __________ roten Haaren.
8. Über __________ Frage möchte ich in Ruhe nachdenken.
9. Ich habe mich nach __________ Abfahrtzeit erkundigt.
10. Wie ist er bloß auf __________ Idee gekommen?
11. Mit __________ Reaktion der Nachbarin war nicht zu rechnen.
12. Ich habe eine Bewerbung an __________ Firma Hanser geschickt.
13. Eigentlich versteht sie sich gut mit __________ Mutter, aber manchmal streiten sie sich.
14. Die Parteien streiten sich über __________ Gesetzentwurf.
15. Die rote Bluse passt nicht zu _________ grünen Hose.
16. Müssen wir alle an _________ Konferenz teilnehmen?
17. Die Jacke schützt kaum vor __________ Kälte.
18. Sie hat sich von _______ Mann getrennt.
19. Der Kunde hat sich über __________ falsche Beratung beschwert.
20. Er redet schon seit einer Woche nicht mehr mit __________ Bruder.
21. Erinnerst du dich an __________ Ausflug zum Observatorium, den wir im Herbst gemacht haben?
22. Der Film basiert auf __________ wahren Geschichte.
23. Er hat Angst vor __________ Zukunft.
24. Sie reagierte empört auf __________ Beschwerde des Kunden.
25. Er hängt sehr an __________ Onkel.
26. Sie konnte das nicht lange vor ___________ Eltern verbergen.

Übung 5: Ergänzen Sie die Präpositionen bzw. Possessivartikel und die Artikel.

1. Auch eine weite Reise beginnt _______ __________ ersten Schritt.

2. Neulich hat er sich _______ __________ langjährigen Lebensgefährtin getrennt.
3. Wir kümmern uns _______ __________ Garten des Nachbarn, wenn er verreist ist.
4. Sie beschäftigt sich schon seit Jahren _______ __________ Naturschutz.
5. Ich bedanke mich _______ Ihnen _______ __________ Hilfe.
6. Ich bin _______ __________ Situation im Betrieb nicht zufrieden.
7. In diesem Buch geht es _______ __________ Problem der Einsamkeit der Menschen in einer großen Stadt.
8. Er hat sich schnell _______ __________ Regeln seiner Gastfamilie gewöhnt.
9. Ich empfehle Ihnen die Ausstellung zu besuchen, wenn Sie sich _______ __________ europäische Kunst des 20. Jahrhunderts interessieren.
10. Schicken Sie bitte Ihre Bewerbung _______ __________ Personalabteilung unserer Firma.
11. Er hat sich _______ __________ Schwester gestritten.
12. Ich fand es nicht nett von ihm, dass er _______ __________ Frisur gelacht hat.
13. Ich gebe nicht auf. Du kannst dich _______ __________ Wort verlassen.
14. Wir haben uns schon oft _______ __________ Nachbarn im zweiten Stock _______ __________ Hausverwaltung beschwert.
15. Ich habe erst gestern _______ __________ Affäre erfahren.
16. Er arbeitet viel und beschäftigt sich zu wenig _______ __________ Kindern.
17. Ich habe nicht immer _______ __________ Eltern gehört.
18. Hast du dich gut _______ __________ Prüfung vorbereitet?
19. Sie werden sich _______ __________ politischen Gegnern rächen.
20. Hast du Lust _______ __________ Ausflug?
21. Er braucht Zeit, um sich _______ __________ neuen Umstände zu gewöhnen.
22. Er hat viel Geld _______ __________ Reparatur des alten Autos ausgegeben.
23. Er hat sich _______ __________ schnelleres Auto entschieden.
24. Wir fangen _______ __________ Formalitäten an.
25. Ich habe _______ __________ Vorschlag nachgedacht.
26. Bist du immer noch böse _______ __________ Nachbarin?
27. Ich bin neugierig _______ __________ Ergebnis.
28. Die Eltern haben sich _______ __________ Sorgerecht für das gemeinsame Kind gestritten.
29. Ich habe die Verkäuferin _______ __________ Preis gefragt.
30. Die Katze leidet _______ __________ seltsamen Krankheit.
31. Sie hält mich _______ __________ Betrüger.
32. Der Sportler freut sich _______ __________ unerwarteten Sieg.
33. Ich habe mich im Internet _______ __________ aktuellen Fahrplan informiert.
34. Ich kann mich leider nicht _______ __________ ersten Schultag erinnern.

1.4 Imperativ

Den Imperativ benutzt man, um eine Bitte oder einen Befehl zum Ausdruck zu bringen. Man sagt damit also, was der andere tun soll. Man spricht dabei die Person oder mehrere Personen direkt an. Das Wort *bitte* macht den Imperativ freundlicher.

Beispiele*: machen*

du: *Mach bitte die Hausaufgaben!* (In manchen Fällen wird an den Verbstamm ein *-e* angehängt, z. B. wenn der Verbstamm auf *-d* / *-t* endet: *Warte auf mich!*)

ihr: *Macht bitte die Hausaufgaben!*

Sie: *Machen Sie bitte die Hausaufgaben!*

Übung 1: Setzen Sie die richtigen Imperativformen ein.

Infinitiv	du	ihr	Sie
fahren	*Fahr!*	*Fahrt!*	*Fahren Sie!*
gehen			
trinken			
hören			
erzählen			
zeigen			
kommen			
arbeiten			
warten			
essen			
geben			
nehmen			
sehen			
singen			
rechnen			
sein			
wiederholen			
widersprechen			
mitkommen			
anfangen			

Übung 2: Setzen Sie die richtigen Imperativformen ein.

	du	ihr	Sie
in die Schule gehen	*Geh in die Schule!*	*Geht in die Schule!*	*Gehen Sie in die Schule!*
das Foto zeigen			
die Tür aufmachen			
das Buch lesen			
nett sein			
das Buch nicht vergessen			
langsamer sprechen			
den Lehrer fragen			
dem Kind helfen			
auf die Frage antworten			
sich nach vorne setzen			
das Paket abholen			
das Zimmer aufräumen			
Tim anrufen			

Übung 3: Formen Sie die Sätze in Imperativsätze um.
Beispiel: Ihr sollt euch beeilen. – ***Beeilt euch!***

1. Du sollst dein Zimmer aufräumen.

   ____

2. Herr Schröder, Sie sollen ins Büro kommen.

   ____

3. Kinder, ihr sollt ruhig sein.

   ____

4. Max und Linda, ihr sollt besser aufpassen.

   ____

5. Sie sollen die Formulare ausfüllen.

   ____

6. Du sollst mit dem Zug nach Berlin fahren.

   ____

7. Du sollst dir die Haare kämmen.

8. Ihr sollt an die Hausaufgaben denken.

9. Du sollst nicht zu lange im Wasser bleiben.

10. Ihr sollt aufhören zu streiten.

11. Sie sollen aufmerksam sein, Herr Voigt.

12. Du sollst Hustensaft trinken.

Übung 4: Bilden Sie den Imperativ. Schreiben Sie, was die Leute tun sollen.
Beispiel: Zoe geht nicht ans Telefon. – *Geh bitte ans Telefon!*

1. Herr Benke antwortet nicht auf die E-Mails.

2. Anna schreit ihren Bruder an.

3. Die Kinder gehen nicht ins Bett.

4. Du glaubst ihm, aber er lügt.

5. Frau Müller vergisst immer ihren Regenschirm.

6. Du hast kein Brot gekauft.

7. Tina und Alina lernen wenig.

8. Mein Freund arbeitet zu viel am Computer und geht nicht an die frische Luft.

9. Die Kinder essen zu schnell.

10. Paul hört nicht auf seinen Vater.

11. Das Kind springt auf dem Bett.

12. Anna möchte den Text nicht lesen.

1.5 Präteritum

Das Präteritum ist die Vergangenheitsform, die vor allem in schriftlichen Texten verwendet wird, während das Perfekt in der gesprochenen Sprache benutzt wird. Es gibt regelmäßige und unregelmäßige Verben.

Person	regelmäßiges Verb	unregelmäßiges Verb
ich	hör**te**	kam_
du	hör**test**	kam**st**
er, sie, es	hör**te**	kam_
wir	hör**ten**	kam**en**
ihr	hör**tet**	kam**t**
Sie, sie	hör**ten**	kam**en**

Person	sein	haben
ich	war	hatte
du	warst	hattest
er, sie, es	war	hatte
wir	waren	hatten
ihr	wart	hattet
Sie, sie	waren	hatten

Liste der gebräuchlichsten unregelmäßigen Verben

beißen	biss	hat gebissen
bergen / birgt	barg	hat geborgen
betrügen	betrog	hat betrogen
biegen	bog	hat gebogen
bieten	bot	hat geboten
binden	band	hat gebunden
bitten	bat	hat gebeten
blasen / bläst	blies	hat geblasen
bleiben	blieb	ist geblieben
braten / brät	briet	hat gebraten
brechen / bricht	brach	hat gebrochen
brennen	brannte	hat gebrannt
denken	dachte	hat gedacht
essen / isst	aß	hat gegessen
fließen	floss	ist geflossen

fressen / frisst	fraß	hat gefressen
frieren	fror	hat gefroren
gebären	gebar	hat geboren
geben / gibt	gab	hat gegeben
gedeihen	gedieh	ist gediehen
gehen	ging	ist gegangen
gelingen	gelang	ist gelungen
gelten / gilt	galt	hat gegolten
genießen	genoss	hat genossen
geraten / gerät	geriet	ist geraten
geschehen / geschieht	geschah	ist geschehen
gewinnen	gewann	hat gewonnen
gießen	goss	hat gegossen
gleichen	glich	hat geglichen
gleiten	glitt	ist geglitten
graben / gräbt	grub	hat gegraben
greifen	griff	hat gegriffen
haben / hat	hatte	hat gehabt
halten / hält	hielt	hat gehalten
hängen	hing	hat gehangen
heben	hob	hat gehoben
heißen	hieß	hat geheißen
helfen / hilft	half	hat geholfen
kennen	kannte	hat gekannt
klingen	klang	hat geklungen
kneifen	kniff	hat gekniffen
kommen	kam	ist gekommen
kriechen	kroch	ist gekrochen
laden / lädt	lud	hat geladen
lassen / lässt	ließ	hat gelassen
laufen / läuft	lief	ist gelaufen
leiden	litt	hat gelitten

leihen	lieh	hat geliehen
lesen / liest	las	hat gelesen
liegen	lag	hat gelegen
lügen	log	hat gelogen
meiden	mied	hat gemieden
messen / misst	maß	hat gemessen
misslingen	misslang	ist misslungen
nehmen / nimmt	nahm	hat genommen
nennen	nannte	hat genannt
pfeifen	pfiff	hat gepfiffen
preisen	pries	hat gepriesen
quellen	quoll	ist gequollen
raten / rät	riet	hat geraten
reiben	rieb	hat gerieben
reißen	riss	hat gerissen
reiten	ritt	ist (hat) geritten
rennen	rannte	ist gerannt
riechen	roch	hat gerochen
ringen	rang	hat gerungen
rufen	rief	hat gerufen
saufen / säuft	soff	hat gesoffen
schaffen	schuf	hat geschaffen
scheiden	schied	hat geschieden
scheinen	schien	hat geschienen
scheren	schor	hat geschoren
schieben	schob	hat geschoben
schießen	schoss	hat geschossen
schlafen / schläft	schlief	hat geschlafen
schlagen / schlägt	schlug	hat geschlagen
schleichen	schlich	ist geschlichen
schließen	schloss	hat geschlossen
schlingen	schlang	hat geschlungen
schmeißen	schmiss	hat geschmissen

schmelzen / schmilzt	schmolz	ist/hat geschmolzen
schneiden	schnitt	hat geschnitten
schreiben	schrieb	hat geschrieben
schreien	schrie	hat geschrien
schreiten	schritt	ist geschritten
schweigen	schwieg	hat geschwiegen
schwellen / schwillt	schwoll	ist geschwollen
schwimmen	schwamm	ist geschwommen
schwinden	schwand	ist geschwunden
schwingen	schwang	hat geschwungen
schwören	schwor	hat geschworen
sehen / sieht	sah	hat gesehen
sein / ist	war	ist gewesen
senden	sandte	hat gesandt
singen	sang	hat gesungen
sinken	sank	ist gesunken
sitzen	saß	hat gesessen
spinnen	spann	hat gesponnen
sprechen / spricht	sprach	hat gesprochen
springen	sprang	ist gesprungen
stechen / sticht	stach	hat gestochen
stehen	stand	hat gestanden
stehlen / stiehlt	stahl	hat gestohlen
steigen	stieg	ist gestiegen
sterben / stirbt	starb	ist gestorben
stinken	stank	hat gestunken
streichen	strich	hat gestrichen
streiten	stritt	hat gestritten
tragen / trägt	trug	hat getragen
treffen / trifft	traf	hat getroffen
treiben	trieb	hat getrieben
treten / tritt	trat	hat getreten

trinken	trank	hat getrunken
tun	tat	hat getan
verderben / verdirbt	verdarb	hat verdorben
vergessen / vergisst	vergaß	hat vergessen
verlieren	verlor	hat verloren
wachsen / wächst	wuchs	ist gewachsen
waschen / wäscht	wusch	hat gewaschen
weichen	wich	ist gewichen
weisen	wies	hat gewiesen
werben / wirbt	warb	hat geworben
werden / wird	wurde	ist geworden
werfen / wirft	warf	hat geworfen
wiegen	wog	hat gewogen
wissen / weiß	wusste	hat gewusst
ziehen	zog	hat gezogen
zwingen	zwang	hat gezwungen

Übung 1: Ergänzen Sie *haben* oder *sein* im Präteritum.

1. Wir _______________ im Supermarkt.
2. Sie _______________ eine gute Idee.
3. Als Kind _______________ ich einen Hund.
4. _______________ du Haustiere, als du Kind _______________?
5. Du _______________ nicht freundlich zu den Kunden.
6. Das Kind _______________ Fieber und _______________ müde.
7. Ich _______________ gestern keine Zeit.
8. Am Wochenende _______________ wir viel zu tun.
9. Wo _______________ du in den Ferien?
10. Der Film _______________ sehr lustig.

Übung 2: Setzen Sie die Verben im Präteritum ein (regelmäßige Verben).

1. Er _______________ den ganzen Abend mit seiner Freundin. (tanzen)
2. Ich _______________ auf dich. (warten)
3. Mein Nachbar _______________ ein neues Auto. (kaufen)
4. Er _______________ um die ganze Welt. (reisen)

5. Worum ______________ du dir Sorgen? (machen)
6. Mit wem ______________ du so lange? (telefonieren)
7. Unsere Oma ______________ uns oft von früher. (erzählen)
8. Er ______________ sich bei uns wie zu Hause. (fühlen)
9. Ich ______________ noch einen Schlüssel und ______________ an der Rezeption ______________. (brauchen, nachfragen)
10. Wie oft ______________ er seinen Großvater? (besuchen)
11. Sandra ______________ nicht mit ihm zusammenarbeiten. (wollen)
12. Sie ______________ uns, dass sie in der Schule Spanisch ______________. (sagen, lernen)
13. Sie ______________ ihren Mann sehr. (lieben)
14. Er ____________ sich nur für seine Karriere und ____________ sehr viel. (interessieren, arbeiten)
15. Die Enkel ______________ ihren Großvater. (respektieren)

Übung 3: Setzen Sie die Verben im Präteritum ein (unregelmäßige Verben).

1. Wir ____________ über unsere Pläne für das nächste Jahr. (sprechen)
2. Der Zug ____________ mit Verspätung ______. (ankommen)
3. Was ____________ er gern? (essen)
4. Sie ____________ sehr aufgeregt und ____________ schnell nach Hause. (sein, laufen)
5. Damals ____________ ich Peter noch nicht. (kennen)
6. Es ____________ uns, pünktlich am Bahnhof zu sein. (gelingen)
7. Wie ____________ du den Film? (finden)
8. Er ____________ nur Mineralwasser. (trinken)
9. Die Kinder ____________ ins Wasser. (springen)
10. Meine Eltern ____________ einen Kuchen ________. (mitbringen)
11. Ich ____________ nicht alles. (verstehen)
12. Er ____________ uns immer, wenn wir ihn darum ____________. (helfen, bitten)
13. Ich ____________ nicht, dass du in Paris ____________. (wissen, sein)
14. Er ____________ mir keine Antwort. (geben)
15. In den Ferien ____________ ich meistens zu Hause. (bleiben)
16. Sie ____________ sich nur selten. (streiten)

Übung 4: Ergänzen Sie die Sätze.
sitzen, können, kaufen, sein, waschen, haben, stehen, tragen, schreiben, färben, besuchen, unterhalten, setzen, singen, bauen, geben, müssen, wollen, fliegen, fahren

1. Ich ____________ in einer langen Schlange.
2. Wir ____________ gemütlich auf dem Sofa und ____________ uns.
3. Er ____________ eine Fahrkarte am Automaten und ____________ nach Hamburg.
4. Sie ____________ für die Prüfung lernen, aber sie ____________ keine Lust.

5. Sie ____________ einen blauen Mantel.
6. Linda ____________ sich die Haare und ich ____________ sie kaum erkennen.
7. Wer ____________ das teure Haus?
8. Als Kind ____________ sie in einem Chor.
9. Er ____________ sich die Hände und ____________ sich an den Tisch.
10. Sie ____________ einen Roman und ____________ ihn veröffentlichen.
11. Im Juli ____________ er nach Italien, wo er seine Verwandte ____________.
12. Im Hotel ____________ es kein warmes Wasser und die Heizung ____________ kaputt.

Übung 5: Schreiben Sie den Text im Präteritum.

Am Wochenende haben wir einen Ausflug nach Berlin gemacht. Um 10:00 Uhr sind wir schon in Berlin gewesen. Wir haben uns für eine Bootsfahrt durch die Stadt entschieden. Sie hat an der Friedrichstraße begonnen und zwei Stunden gedauert. Wir haben uns einen Kaffee bestellt und uns gemütlich eingerichtet. Die Fahrt hat einen ganz besonderen Blick auf die Stadt geboten. Per Audioguide haben wir viel und Interessantes über Berlin erfahren. Wir haben den Reichstag, den Berliner Dom, die Museumsinsel und vieles mehr gesehen. Nach zwei Stunden sind wir ausgestiegen und zu Fuß zum Bahnhof gelaufen.

1.6 Perfekt

Die Zeitform Perfekt wird benutzt, wenn man über die Vergangenheit spricht.
Das Perfekt wird mit *haben* oder *sein* (im Präsens) als Hilfsverb und dem Partizip II des Hauptverbs gebildet, also Hilfsverb (Präsens *haben/sein*) + Partizip II.
Bei Verben der Bewegung und der Zustandsänderung benutzt man das Hilfsverb *sein*.
Beispiele:
Er hat in der Schule Englisch gelernt.
Sie ist gestern nach Berlin gefahren.

	lernen		fahren	
ich	habe	gelernt	bin	gefahren
du	hast	gelernt	bist	gefahren
er, sie, es	hat	gelernt	ist	gefahren
wir	haben	gelernt	sind	gefahren
ihr	habt	gelernt	seid	gefahren
sie, Sie	haben	gelernt	sind	gefahren

Übung 1: Ergänzen Sie die Sätze mit *haben* oder *sein*.

1. Als Kind ____________ er bei seinen Großeltern gewohnt.
2. Diese Musik ____________ ich gestern zum ersten Mal gehört.
3. Ich ____________ ihm früher viel geholfen.
4. Am Sonntag ____________ ich lange geschlafen.
5. Wir ____________ gestern sehr viel zu Fuß gelaufen.
6. Sie war sehr müde und ____________ früh eingeschlafen.
7. Die Eltern ____________ in Urlaub geflogen und das Kind ____________ bei seinen Großeltern geblieben.
8. Wir ____________ unsere Mutter sehr geliebt.
9. Er ____________ eine Fahrkarte gekauft und ____________ nach Bremen gefahren.
10. Wer ____________ das Fenster geschlossen?
11. Er ____________ ans andere Ufer geschwommen.
12. Ich ____________ mich zum Computerkurs angemeldet.
13. Du ____________ so groß geworden.
14. Wir ____________ heute nicht viel gegessen.
15. Albert Einstein ____________ 1955 gestorben.
16. Ich ____________ gern mit meinen kleinen Geschwistern gespielt.
17. ____________ du Opa angerufen?
18. Ich ____________ eine Cola getrunken.
19. Der Lehrer ____________ uns eine Aufgabe gegeben.
20. Wann ____________ ihr geheiratet?
21. Die Kinder ____________ sich auf die Ferien gefreut.
22. ____________ du heute gefrühstückt?
23. Mein Vater ____________ nicht geraucht und viel Sport gemacht.

Übung 2: Schreiben Sie Sätze im Perfekt (regelmäßige Verben).

1. Der Film dauert zwei Stunden.

   ____

2. Was machst du am Sonntag?

   ____

3. Er mietet eine Wohnung im Stadtzentrum.

   ____

4. Warum sagst du mir nichts?

   ____

5. Erna lernt nicht gern Mathe.

   ____

6. Ich klopfe mehrmals an die Tür, aber niemand antwortet.

   ____

Übung 3: Schreiben Sie Sätze im Perfekt (regelmäßige Verben).

1. ich – arbeiten – bis 16 Uhr – gestern

   ____

2. wo – parken – du?

   ____

3. sie (Sg.) – kochen – ein leckeres Essen

   ____

4. wo – du – kochen – lernen?

   ____

5. Helmut – sagen – mir – die Wahrheit

   ____

6. ich – teilen – die Wohnung – mit zwei anderen Studenten

   ____

7. wir – sich – freuen – auf das Kind

   ____

8. wir – lachen – über seinen Witz

   ____

9. endlich – antworten – sie – auf meinen Brief

   ____

Übung 4: Schreiben Sie Sätze im Perfekt (unregelmäßige Verben).

1. sie – steigen – in den Zug

   ____

2. was – essen – du – zum Frühstück?

   ____

3. es – werden – dunkel

   ____

4. das – gelingen – ihm – leider – nicht

   ____

5. der Baum – wachsen – schnell

   ____

6. ich – waschen – meine Jacke

   ____

7. er – trinken – Kaffee – ich – Tee

   ____

8. er – ziehen – mich – an der Jacke

   ____

9. sie – treffen – ihre Schulfreundin

   ____

Übung 5: Ergänzen Sie die Sätze (Verben mit *-ieren*).

informieren, interessieren, renovieren, protestieren, telefonieren, ignorieren, studieren, diskutieren, fotografieren

1. Die Mitarbeiter haben gegen die geplanten Entlassungen ____________.
2. Ich habe mich gestern über die Änderungen im Fahrplan ____________.
3. Er hat sich nie für Fußball ____________.
4. Die Touristen haben das schöne alte Gebäude ____________.
5. An welcher Universität hat er ____________?
6. Er hat seine Wohnung alleine ____________.
7. Aus dem Ausland hat Linda regelmäßig mit ihren Eltern ____________.
8. Leider hat er meinen Brief ____________.
9. Die Politiker haben lange über das neue Gesetz ____________.

Übung 6: Ergänzen Sie die Sätze im Perfekt (trennbare Verben).
ablehnen, abholen, ausschalten, vorbereiten, ausziehen, zurückgeben, mitnehmen, zurückkommen, abfahren

1. Er ________ die Kinder vom Kindergarten ________________.
2. ________ ihr euch auf die Reise ________________?
3. Da er heute Sport hat, ________ er seine Sportsachen ________________.
4. Der Zug ________ pünktlich ________________.
5. Das Amt ________ meinen Antrag leider ________________.
6. Er ________ aus der Wohnung ________________.
7. Er ________ mir mein Buch ________________.
8. ________ ihr eure Smartphones ________________?
9. Unsere Nachbarn ________ gestern aus dem Urlaub ________________.

Übung 7: Ergänzen Sie die Sätze im Perfekt (untrennbare Verben).
verspäten, verpassen, bestehen, überholen, erfahren, erzählen, beantworten, bezahlen, zerstören, gehören, wiederholen

1. Wer ________ dir diese Geschichte ________________?
2. Das Auto ________ den Bus ________________.
3. Da sich der erste Zug ______________ ______, ______ Lukas den Anschlusszug ________________.
4. Ich ________ aus dem Internet ________________, dass morgen der Tag der offenen Tür im Parlament ist.
5. Damals ________ das Haus meinem Großvater ________________.
6. Ich ________ das Auto in bar ______________.
7. Der Wirbelsturm ________ eine ganze Stadt ________________.
8. Er ________ die Frage des Professors richtig ________________.
9. Paul _______ die Prüfung nicht ________________. Drei Monate später _______ er die Prüfung ________________.

Übung 8: Ergänzen Sie die Sätze im Perfekt.
verschwinden, übernachten, untersuchen, überweisen, gefallen, anfangen, ausfallen, kommen, passieren, abschreiben, vorlesen, korrigieren, entfernen, ausschlafen

1. Um wie viel Uhr ________ du gestern nach Hause ________________?
2. Der Unfall ________ ________________, weil er die Regeln missachtet hatte.
3. In Potsdam ________ wir in einem schönen Hotel ________________.
4. Den Text ________ wir von der Tafel ________________.
5. Ich ________ den Betrag auf das Konto der Firma ________________.
6. Gestern hatte er frei und ________ ______________.
7. Gestern ________ der Unterricht ______________, weil der Lehrer in der Weiterbildung war.
8. Dieses Wort ________ aus der deutschen Sprache ________________.
9. Der Arzt ________ den Patienten ________________.
10. Abends ________ unsere Oma uns oft Märchen ________________.
11. Die Wohnung ________ uns sehr gut ________________.
12. Der Lehrer ________ die Fehler in meinem Brief ________________.
13. Der Kurs ________ vor einem Monat ________________.
14. Sie ________ dieses Programm aus ihrem Computer ________________.

1.7 Plusquamperfekt

Die Zeitform Plusquamperfekt drückt die „Vorvergangenheit“ aus. Man benutzt das Plusquamperfekt für Handlungen, die noch vor einem bestimmten Zeitpunkt in der Vergangenheit passieren.

Das Plusquamperfekt wird mit *haben* oder *sein* im Präteritum als Hilfsverb und dem Partizip II des Hauptverbs gebildet, also Hilfsverb (Präteritum *haben/sein*) + Partizip II. Bei Verben der Bewegung und der Zustandsänderung benutzt man das Hilfsverb *sein*.

Beispiel: *Ich ging erst raus, nachdem ich die Hausaufgaben gemacht hatte.* Ich habe also zuerst die Hausaufgaben gemacht, danach bin ich rausgegangen.

	lernen		**fahren**	
ich	hatte	gelernt	war	gefahren
du	hattest	gelernt	warst	gefahren
er, sie, es	hatte	gelernt	war	gefahren
wir	hatten	gelernt	waren	gefahren
ihr	hattet	gelernt	wart	gefahren
sie, Sie	hatten	gelernt	waren	gefahren

Übung 1: Ergänzen Sie die Sätze mit *haben* oder *sein* im Plusquamperfekt.

1. Als sie kam, ________ wir schon gegessen.
2. Ich ________ viel gelernt, bevor ich die Prüfung bestanden habe.
3. Nachdem sie gefallen ________, tat ihr der linke Arm weh.
4. Nachdem sie ein Kind bekommen ________, brauchte sie die Unterstützung ihrer Eltern.
5. Ich war mit den Hausaufgaben schneller fertig, als ich erwartet ________.
6. Nachdem er ein paar Meter gelaufen ________, bekam er Atemnot.
7. Er hat mich nicht erkannt, obwohl wir uns schon ein paar Mal im Büro getroffen ________.
8. Nachdem die Lehrerin den Unterricht beendet ________, packten wir unsere Sachen.

Übung 2: Ergänzen Sie die Sätze im Plusquamperfekt.

1. Er zog endlich in die Wohnung ein, die er vor zwei Jahren ________________ ________. (kaufen)
2. Alina erledigte die Aufgabe an einem Tag, womit der Chef nicht ________________ ________. (rechnen)
3. Konntest du dich in der Prüfung nicht an die Daten erinnern, die du am Vorabend ________________ ________? (lernen)
4. Erst gestern bekam ich meinen neuen Pass, den ich vor acht Wochen________________ ________. (beantragen)
5. Bevor das Wetter schlechter wurde, ________ wir schon nach Hause ________________. (fahren)
6. Wir haben die Ferienwohnung gemietet, die uns Karla ________________ ________. (empfehlen)
7. Ich stand vor dem Haus, in dem ich meine Kindheit ________________ ________. (verbringen)
8. Nachdem er aus dem Urlaub ________________ ________, sah er erholt und frisch aus. (kommen)
9. Bevor sie sich in die Arbeit stürzte, ________ sie eine Tasse Kaffee ________________. (trinken)

10. Ich ________ gerade meine Arbeit ________________, als jemand an die Tür klopfte. (beenden).
11. Bevor ich zur Arbeit ging, ________ ich meinen Sohn zur Schule ________________. (bringen)
12. Nachdem ich so lange auf Erik ________________ ________, hatte ich keine Lust mehr, mit ihm auszugehen. (warten)

Übung 3: Bilden Sie Sätze im Plusquamperfekt.

Beispiel: Es klingelt zweimal. Sie geht zur Tür.

Nachdem es zweimal geklingelt hatte, ging sie zur Tür.

1. Er trinkt Kaffee. – Er geht zur Arbeit.

   Nachdem ____

2. Ich beende das Frühstück. – Ich bekomme die Nachricht von meinem Kollegen.

   Als ____

3. Wir decken gerade den Tisch. – Die Gäste kommen auch schon.

   ________________________, da ________________________

4. Er trainiert lange. – Er nimmt am Marathon teil.

   Bevor ____

5. Wir laufen durch die Stadt. – Wir haben Hunger.

   Nachdem ____

6. Er tankt. – Er fährt nach Brandenburg.

   Bevor ____

7. Wir essen. – Er bezahlt.

   Nachdem____

8. Sie absolviert das Studium. – Sie sucht eine Arbeit.

   Nachdem ____

9. Familie Schulz zieht nach Berlin. – Sie benutzen nur selten ihr Auto.

   Nachdem ____

10. Sie reden zwei Tage nicht miteinander. Er entschuldigt sich.

    Bevor ____

11. Er entschuldigt sich. Alles ist wieder gut.

    Nachdem ____

12. Ich suche meinen Pass. Ich fahre zum Flughafen.

    Bevor ____

Übung 4: Bilden Sie Sätze im Plusquamperfekt mit *bevor* oder *nachdem*. Was hat Frau Kunz gemacht?

Beispiel: Wecker klingelt / aufstehen – Nachdem der Wecker geklingelt hatte, ist sie aufgestanden.

1. aufstehen / duschen

   ____

2. duschen / mit dem Hund spazieren gehen

   ____

3. mit dem Hund spazieren gehen / Kinder wecken

   ____

4. Kinder wecken / Frühstück zubereiten

   ____

5. frühstücken / Kinder zur Schule bringen

   ____

6. Kinder zur Schule bringen / einkaufen gehen

   ____

7. einkaufen / die Wohnung aufräumen

   ____

8. die Wohnung aufräumen / Mittagessen zubereiten

   ____

9. Mittagessen zubereiten / Kinder abholen

   ____

10. Kinder abholen / zu Mittag essen

    ____

11. zu Mittag essen / die Küche aufräumen

    ____

12. die Küche aufräumen / den Kindern bei den Hausaufgaben helfen

    ____

13. den Kindern bei den Hausaufgaben helfen / mit der Freundin telefonieren

    ____

14. mit der Freundin telefonieren / mit dem Hund spazieren gehen

    ____

15. mit dem Hund spazieren gehen / das Abendessen zubereiten

    ____

16. das Abendessen zubereiten / essen (sie und ihre Kinder)

    ____

1.8 Passiv

Das Passiv betont eine Handlung oder ein Ergebnis. Wer oder was das getan oder verursacht hat, ist dabei oft unwichtig oder unbekannt. Das Subjekt des Satzes ist nicht aktiv, jemand / etwas anderes handelt.

Beispiele:

Aktiv:	**Passiv:**
*Jemand/Man **backt** das Brot.*	*Das Brot **wird gebacken**.*
*Der Bäcker **backt** das Brot.*	*Das Brot **wird** (vom Bäcker) **gebacken**.*
*Ich **backe** das Brot.*	*Das Brot **wird** (von mir) **gebacken**.*

	Passiv Präsens		Passiv Präteritum		Passiv Perfekt		
ich	werde	gefragt	wurde	gefragt	bin	gefragt	worden
du	wirst	gefragt	wurdest	gefragt	bist	gefragt	worden
er, sie, es	wird	gefragt	wurde	gefragt	ist	gefragt	worden
wir	werden	gefragt	wurden	gefragt	sind	gefragt	worden
ihr	werdet	gefragt	wurdet	gefragt	seid	gefragt	worden
Sie, sie	werden	gefragt	wurden	gefragt	sind	gefragt	worden

	Passiv Plusquamperfekt			Passiv Futur I		
ich	war	gefragt	worden	werde	gefragt	werden
du	warst	gefragt	worden	wirst	gefragt	werden
er, sie, es	war	gefragt	worden	wird	gefragt	werden
wir	waren	gefragt	worden	werden	gefragt	werden
ihr	wart	gefragt	worden	werdet	gefragt	werden
Sie, sie	waren	gefragt	worden	werden	gefragt	werden

Übung 1: Formen Sie Aktivsätze in Passivsätze um (Präsens).

Beispiel: Man kauft nicht jedes Jahr ein neues Auto.
Ein neues Auto wird nicht jedes Jahr gekauft.

1. Man öffnet die Tür.

 ____

2. Hier baut man eine Schule.

 ____

3. In Deutschland trinkt man viel Bier.

 ____

4. Jemand gießt jeden Tag die Blumen.

 ____

5. Man kontrolliert die Fahrscheine.

 ____

6. Im Stadtzentrum verkauft man viele Souvenirs.

 ____

7. Produziert man in Deutschland Autos?

 ____

8. In China isst man gern Reis.

 ____

Übung 2: Bilden Sie Passivsätze (Präsens).
Beispiel: Geschenke kaufen (Mutter) – *Die Geschenke werden von der Mutter gekauft.*

1. Kinder morgens wecken (Mutter)
2. Kinder in die Schule bringen (Mutter)
3. Kinder von der Schule abholen (Vater)
4. Lebensmittel kaufen (Vater)
5. Kinderzimmer aufräumen (Kinder)
6. Hausaufgaben machen (Kinder)
7. Blumen gießen (Kinder)
8. Abendessen zubereiten (Mutter)
9. Küche aufräumen (Mutter)
10. Kinder ins Bett bringen (Vater)

Übung 3: Formen Sie Aktivsätze in Passivsätze um. Verwenden Sie die gleiche Zeitform wie im Aktivsatz.

1. Sie haben den Vertrag unterschrieben.
2. Man schloss die Tür.
3. In unserer Straße eröffnete man ein neues Geschäft.
4. Der Verkäufer begrüßt ihn.
5. Mein Großvater hat das Haus gebaut.
6. Linda bringt die Bücher zurück.
7. Man hat mich angerufen.
8. Der Chef hatte ihn gelobt.
9. Die Kinder haben dieses Buch oft gelesen.
10. Sie werden eine neue Straße bauen.

Passiv mit Modalverben
Beispiele:

Präsens Aktiv	Ich muss das Buch bezahlen.
Präsens Passiv	Das Buch muss bezahlt werden.
Präteritum Aktiv	Ich musste das Buch bezahlen.
Präteritum Passiv	Das Buch musste bezahlt werden.
Perfekt Aktiv	Ich habe das Buch bezahlen müssen.
Perfekt Passiv	Das Buch hat bezahlt werden müssen.
Plusquamperfekt Aktiv	Ich hatte das Buch bezahlen müssen.
Plusquamperfekt Passiv	Das Buch hatte bezahlt werden müssen.
Futur Aktiv	Ich werde das Buch bezahlen müssen.
Futur Passiv	Das Buch wird bezahlt werden müssen.

Übung 4: Formen Sie Passivsätze in Aktivsätze um. Verwenden Sie die gleiche Zeitform wie im Passivsatz.

1. Der Brief muss beantwortet werden.

   ____

2. Das Auto konnte nicht gewaschen werden.

   ____

3. In der Bibliothek darf nicht laut gesprochen werden.

   ____

4. Der Tisch hatte reserviert werden müssen.

   ____

5. Das Buch wird von meinem Freund abgeholt werden müssen.

   ____

6. Das Telefon konnte von mir nicht repariert werden.

   ____

7. Die Tabletten sollten vor dem Essen eingenommen werden.

   ____

Übung 5: Formen Sie Aktivsätze in Passivsätze um. Verwenden Sie die gleiche Zeitform wie im Aktivsatz.

1. Der Arzt muss das Kind untersuchen.

   ____

2. Diese Aufgabe kann man am Montag machen.

   ____

3. Man darf die Dokumente nicht vergessen.

4. Gestern musste man die Präsentation vorbereiten.

5. Ich werde die Jacke nicht kaufen können.

6. Im Restaurant darf man nicht rauchen.

7. Man konnte den Computer wieder benutzen.

8. Man hat die Schule renovieren müssen.

9. Die Sekretärin kann die Frage nicht beantworten.

10. Sie musste die Wäsche bügeln.

11. Der Arzt muss den Patienten heute noch operieren.

12. Hier darf man nicht links abbiegen.

13. Der Verkäufer musste den Kunden überzeugen.

14. Man darf nicht auf einer Baustelle spielen.

15. Ich musste Monikas Katze zweimal pro Tag füttern.

16. Ich soll die Information weiterleiten.

17. Wir konnten schnell die Entscheidung treffen.

18. Ich muss eine neue Arbeit suchen.

1.9 Modalverben

Modalverben sind die Verben *dürfen, können, mögen / möchten, müssen, sollen* und *wollen*. Man verwendet sie meist mit dem Infinitiv eines nicht-modalen Verbs. *möchten* ist Konjunktiv II von *mögen*, wird aber als selbstständiges Verb mit der Bedeutung „wollen“ verwendet. *möchten* wird nur im Präsens benutzt, für die Vergangenheitsformen benutzt man *wollen*.

Präsens							
Person	**müssen**	**können**	**dürfen**	**sollen**	**wollen**	**mögen**	**möchten**
ich	muss	kann	darf	soll	will	mag	möchte
du	musst	kannst	darfst	sollst	willst	magst	möchtest
er, sie, es	muss	kann	darf	soll	will	mag	möchte
wir	müssen	können	dürfen	sollen	wollen	mögen	möchten
ihr	müsst	könnt	dürft	sollt	wollt	mögt	möchtet
sie, Sie	müssen	können	dürfen	sollen	wollen	mögen	möchten

Präteritum						
Person	**müssen**	**können**	**dürfen**	**sollen**	**wollen**	**mögen**
ich	musste	konnte	durfte	sollte	wollte	mochte
du	musstest	konntest	durftest	solltest	wolltest	mochtest
er, sie, es	musste	konnte	durfte	sollte	wollte	mochte
wir	mussten	konnten	durften	sollten	wollten	mochten
ihr	musstet	konntet	durftet	solltet	wolltet	mochtet
sie, Sie	mussten	konnten	durften	sollten	wollten	mochten

Übung 1: Setzen Sie die Modalverben im Präsens ein.

1. Er _______________ dir helfen. (können)
2. Du _______________ pünktlich zum Gespräch kommen. (müssen)
3. _______________ ich Sie etwas fragen? (dürfen)
4. Ihr _______________ mehr üben. (sollen)
5. Unsere Nachbarn _______________ ihr Haus verkaufen. (wollen)
6. Was _______________ sie (Pl.) über uns denken? (mögen)
7. Ich _______________ lieber das Buch lesen. (möchten)
8. Die Kinder _______________ nicht ins Bett gehen. (wollen)
9. Wer _______________ die Frage beantworten? (können)
10. Er _______________ nicht die Wahrheit sagen. (wollen)

Übung 2: Setzen Sie die Modalverben im Präsens ein. (Manchmal sind mehrere Lösungen möglich.)

1. Heute Abend _______________ wir ins Kino gehen.
2. Er _______________ weiter Spanisch lernen, denn es macht ihm Spaß.
3. Mein Fahrrad ist kaputt, deshalb _______________ ich zu Fuß einkaufen gehen.
4. In diesem Restaurant _______________ man gut essen.
5. Ich _______________ gern mit ihm sprechen.
6. Martin _______________ gut Gitarre spielen.
7. Was _______________ du trinken?
8. In der Bibliothek _______________ man nicht laut sprechen.

9. Es tut mir leid, dass ich dir nicht helfen ______________.
10. Der Arzt hat mir gesagt, ich ______________ mehr Sport treiben.
11. Er ______________ noch nicht gut Auto fahren.
12. Wenn du ein Auto kaufen ______________, ______________ du sparen.
13. In diesem Museum ______________ man keine Fotos machen.
14. Ich würde gern länger bei euch bleiben, aber ich ______________ morgen früh aufstehen.
15. Wir ______________ uns nicht einigen.
16. Man ______________ Briefe, die an andere adressiert sind, nicht öffnen.
17. Wenn man einen Test schreibt, ______________ man aufmerksam sein.
18. Ich habe heute viel Arbeit und ______________ nicht mit euch spazieren gehen.

Übung 3: Setzen Sie die Modalverben im Präteritum ein. (Manchmal sind mehrere Lösungen möglich.)

1. ______________ ihr gestern ins Kino gehen?
2. Letzte Woche ______________ er viel arbeiten.
3. Ich ______________ schon lange mit Delfinen schwimmen.
4. Warum ______________ ihr nicht pünktlich kommen?
5. Ich ______________ die Aufgabe schnell lösen, denn sie war leicht.
6. Wir ______________ sehr lange auf den nächsten Zug warten.
7. Im Unterricht ______________ wir unsere Handys nicht verwenden.
8. Ich ______________ nicht am Ausflug teilnehmen, denn meine Eltern haben es mir nicht erlaubt.
9. Wir ______________ spazieren gehen, aber es hat geregnet.
10. In der Prüfung ______________ wir uns nicht unterhalten.
11. Zuerst ______________ Luisa ihre Hausaufgaben machen, dann ______________ sie fernsehen.
12. Damals ______________ ich noch nicht gut schwimmen.
13. Was ______________ du nicht machen, als du Kind warst?
14. Er hatte sich den Fuß verstaucht und ______________ nur langsam laufen.
15. Ich ______________ dich fragen, wie es dir geht.
16. ______________ du alle Fragen im Test beantworten?
17 Ich ______________ gestern nicht kommen, denn ich hatte keine Zeit.
18. Den Termin ______________ ich leider verschieben.

Übung 4: Setzen Sie die Modalverben im Präsens oder im Präteritum ein.

1. Ich ______________ ihn gestern nicht anrufen, denn ich war sehr beschäftigt.
2. Sie ______________ gestern zwei Stunden länger arbeiten.
3. Er hatte sich am Bein verletzt und ______________ nicht schnell laufen.
4. Ich bin so müde. Ich ______________ heute sehr früh aufstehen.
5. Als Kind ______________ ich Polizist werden.
6. Er ______________ nicht nach Australien fliegen, weil er nicht genug Geld hatte.
7. Linda bleibt heute zu Hause, denn sie ______________ für die Prüfung lernen.

8. Das Kind weinte, weil es sich nicht umziehen ______________.
9. Als ich von der Schule nach Hause kam, ______________ ich meine Hausaufgaben machen.
10. Gestern Nacht ______________ Artur wegen Zahnschmerzen lange nicht einschlafen.
11. Entschuldigung, ______________ ich Sie etwas fragen?
12. ______________ du mir beim Umzug helfen?
13. Gestern ______________ ich nicht einkaufen gehen, denn ich ______________ lange arbeiten.
14. Als ich Kind war, ______________ ich nicht alleine in die Stadt fahren.
15. Herr Böhm ist kein netter Kollege. Ich ______________ nicht mit ihn zusammenarbeiten.
16. Letzte Woche ______________ ich länger in der Schule bleiben und ______________ mich nicht mit meinen Freunden treffen.
17. Bevor man in den Zug einsteigt, ______________ man eine Fahrkarte kaufen.
18. Ich ______________ ins Bett gehen, weil ich müde war.
19. ______________ wir in der Prüfung Wörterbücher benutzen?
20. Da sein Auto in der Werkstatt ist, ______________ er mit dem Bus fahren.
21. Danke für die Einladung. ______________ ich etwas mitbringen?
22. Ich hoffe, dass wir die Formalitäten schnell erledigen ______________.
23. Wir ______________ nicht alles besprechen, denn wir waren nicht alleine.
24. Ich ______________ studieren, aber meine Eltern waren dagegen.
25. ______________ du morgen früh aufstehen?
26. Ich denke, du ______________ dich entschuldigen.
27. ______________ wir unter vier Augen sprechen?
28. ______________ ihr uns nächste Woche besuchen?
29. Der Arzt sagt, ich ______________ mich mehr bewegen.
30. Wir ______________ pünktlich da sein, sonst hätten wir Ärger mit dem Chef gekriegt.
31. Ich ______________ nicht ausgehen, ich bleibe lieber zu Hause.
32. Als Kind ______________ ich ein bisschen Französisch, aber mit der Zeit habe ich es verlernt.
33. Ich habe Urlaub. Ich ____________ nicht früh aufstehen, aber ich tue das gern, denn ich ____________ den Tag länger genießen.
34. Was du heute ______________ besorgen, das verschiebe nicht auf morgen.

1.10 Reflexive Verben

Reflexive Verben verlangen ein Reflexivpronomen. Das Reflexivpronomen bezieht sich auf das Subjekt im Satz zurück.

Wenn Subjekt und Objekt im Satz dieselbe Person sind, steht das Reflexivpronomen im Akkusativ.
Beispiel: ***Ich ziehe mich an.*** (Subjekt = Objekt)

Wenn es im Satz ein Akkusativobjekt gibt, steht das Reflexivronomen im Dativ.
Beispiel: ***Ich ziehe mir*** (Dat.) ***ein Jacke*** (Akk.) ***an.***

Personalpronomen	Reflexivpronomen	
	Akkusativ	**Dativ**
ich	mich	mir
du	dich	dir
er, sie, es	sich	sich
wir	uns	uns
ihr	euch	euch
sie, Sie	sich	sich

Übung 1: Ergänzen Sie das passende Reflexivpronomen im Akkusativ.

1. Er verabschiedet _________ und geht nach Hause.
2. Wir haben _________ für heute Abend verabredet.
3. Ich interessiere _________ für Geschichte.
4. Du solltest _________ beeilen.
5. Trefft ihr _________ morgen mit Karla?
6. Setzen Sie _________ bitte hin.
7. Warum regst du _________ so auf?
8. Du solltest _________ auf die Arbeit konzentrieren.
9. Sie wundern _________ über das Ergebnis.
10. Ich habe _________ nach dem Preis erkundigt.
11. Er hat _________ in dieses Land verliebt.
12. Wir haben _________ geirrt.
13. Wo habt ihr _________ versteckt?
14. Die Kasse befindet _________ im Erdgeschoss.
15. Die Leute ärgern _________ über die Verspätung.
16. Das Kind legt _________ ins Bett.
17. Worüber unterhaltet ihr _________?
18. Meine Schwiegermutter kümmert _________ gern um unseren Hund.
19. Wir bereiten _________ auf die Prüfung vor.
20. Ines und Tobias haben _________ verlobt.
21. Der Hund hat _________ infiziert.

Übung 2: Ergänzen Sie das passende Reflexivpronomen im Dativ.

1. Ich habe ________ die Zähne geputzt.
2. Hast du ________ die Haare gewaschen?
3. Ich wünsche ________ ein neues Fahrrad.
4. Was wünschst du ________ zum Geburtstag?
5. Du solltest es ________ zuerst mal gut überlegen.
6. Das ist sehr wichtig. Merke es ________!
7. Ich habe ________ eine Cola bestellt.
8. Du musst ________ mehr Mühe geben.
9. Ich kann es ________ nicht vorstellen.

Übung 3: Unterstreichen Sie das passende Reflexivpronomen.

1. Ich freue mich/mir auf unser Treffen.
2. Kauf dich/dir eine neue Jacke.
3. Ich habe mich/mir bei der Firma Mesna beworben.
4. Wie fühlst du dich/dir?
5. Nimm dich/dir Urlaub und erhol dich/dir!
6. Ich kenne mich/mir in Berlin gut aus.
7. Erinnerst du dich/dir an Martina?
8. Ich schaue mich/mir gern alte Fotos an.
9. Bevor ich ins Bett gehe, ziehe ich mich/mir um.
10. Schämst du dich/dir nicht?
11. Ich habe mich/mir verspätet.
12. Ich kann mich/mir kein neues Auto leisten.
13. Das bildest du dich/dir nur ein.
14. Ich schminke mich/mir vor dem Spiegel.
15. Am Abend sehe ich mich/mir ein Video an.

Übung 4: Ergänzen Sie das passende Reflexivpronomen.

1. Ich habe ________ gewaschen. Hast du ________ gewaschen?
2. Ich habe ________ die Hände gewaschen. Hast du ________ die Füße gewaschen?
3. Ich habe ________ gekämmt. Hast du ________ schon gekämmt?
4. Ich habe ________ die Haare gekämmt. Hast du ________ die Haare gekämmt?
5. Ich ziehe ________ an. Wann ziehst du ________ an?
6. Ich ziehe ________ eine Jacke an. Zieh ________ bitte auch eine Jacke an!
7. Ich rasiere ________. Du solltest ________ auch rasieren.
8. Ich habe ________ den Bart abrasiert. Wann rasierst du ________ deinen Bart ab?
9. Ich habe ________ verletzt. Hoffentlich hast du ________ nicht verletzt.
10. Ich habe ________ das Bein verletzt. Hoffentlich habe ich es ________ nicht gebrochen.

1.11 Das Verb *lassen*

Als selbstständiges Verb:

etwas zurücklassen (etwas nicht mitnehmen, an einem Ort lassen)
Ich lasse mein Smartphone heute zu Hause.

mit etwas aufhören (etwas nicht mehr machen)
Ich lasse diese Idee. / Lass das!

als Hilfsverb (ähnlich wie Modalverben):

Erlaubnis (etwas erlauben/verbieten)
Am Wochenende lasse ich meinen Sohn länger schlafen.

Auftrag (eine andere Person macht etwas, was man nicht selbst machen kann oder will)
Ich lasse mein Auto reparieren.

Aufforderung (Vorschlag, Bitte etwas zu tun)
Lass uns einkaufen gehen!

Ermöglichung (etwas ist möglich/unmöglich)
Das Auto lässt sich nicht reparieren.

Person	Präsens	Präteritum	Perfekt		
ich	lasse	ließ	habe	gelassen/lassen	**selbstständiges Verb:**
du	lässt	ließest	hast	gelassen/lassen	***haben + gelassen***
er, sie, es	lässt	ließ	hat	gelassen/lassen	
wir	lassen	ließen	haben	gelassen/lassen	**Hilfsverb: *haben + lassen***
ihr	lasst	ließt	habt	gelassen/lassen	
sie, Sie	lassen	ließen	haben	gelassen/lassen	

Übung 1: Ergänzen Sie *lassen* oder *gelassen*.

1. Wer hat die Tür offen ________________?
2. Ich habe hier irgendwo meine Brille liegen ________________.
3. Ich habe mir die Nägel machen ________________.
4. Wir haben den Sitzplatz frei ________________.
5. Wir haben eine Familie aus Polen in unsere freie Wohnung einziehen ________________.
6. Ich habe die Dokumente auf meinem Tisch liegen ________________.
7. Er hat seinen Sohn alleine im Zimmer ________________.
8. Ich habe mir die Zähne kontrollieren ________________.

Übung 2: *lassen* als Auftrag. Schreiben Sie Sätze.
Beispiel: sie: ihre Schultasche tragen (ihr Bruder) – Sie lässt ihren Bruder ihre Schultasche tragen.

1. ich: mein Zimmer aufräumen (meine Mutter) ________________________________
2. er: seine Wohnung renovieren ________________________________
3. wir: das Geschirr abwaschen (unsere Kinder) ________________________________
4. er: sich die Haare schneiden ________________________________

5. ihr: die Lampen montieren (Elektriker) ______________________________
6. meine Freundin: ihren Hund untersuchen ______________________________
7. Paul: sich für den Reisepass fotografieren ______________________________
8. Frida: die Reifen wechseln (ihr Mann) ______________________________
9. ich: mein Fahrrad reparieren (mein Freund) ______________________________
10. wir: unsere Katze impfen ______________________________
11. Jan: sein Visum verlängern ______________________________
12. Familie Schmidt: sich oft Essen liefern ______________________________

Übung 3: *lassen* als Erlaubnis. Unterstreichen Sie das Verb *lassen* in der passenden Form.

1. Meine Mutter *lasst / lässt / lasse* mich nicht rauchen.
2. Der Lehrer hat mich nach Hause gehen *lässt / lassen / gelassen*.
3. Sie *lässt / lasst / lasse* mich nicht in Ruhe arbeiten.
4. Sie hat ihre Tochter nicht mit schmutzigen Händen essen *lasse / lässt / lassen*.
5. Ich *lassen / lasst / lasse* meinen Hund im Garten laufen.
6. Du *lasst / lässt / lassen* den Hund in deinem Bett schlafen.
7. Wir *lasse / lassen / gelassen* Pia mit unserem Auto fahren.
8. Ich *lasst / gelassen / lasse* meine Tochter sich ein Kleid aussuchen.

Übung 4: *lassen* als Aufforderung. Ergänzen Sie.
wechseln, fliegen, packen, machen, bleiben, setzen

1. Lass uns einen Urlaub ________________.
2. Lasst uns das Geld ________________.
3. Lass uns nach Paris ________________.
4. Lass uns die Koffer ________________.
5. Lasst uns an den Tisch ________________.
6. Lass uns heute Abend zu Hause ________________.

Übung 5: *lassen* als Ermöglichung. Ergänzen Sie die Sätze.
kochen, entfernen, lernen, merken, öffnen, beantworten, lösen, aufklären

1. Der Fleck lässt sich nicht ________________.
2. Das Fenster lässt sich nicht ________________.
3. Die Suppe lässt sich schnell ________________.
4. Der Text lässt sich leicht ________________.
5. Die Information lässt sich leicht ________________.
6. Das Verbrechen lässt sich nicht ________________.
7. Das Rätsel lässt sich nicht ________________.
8. Die Frage lässt sich nicht ________________.

Übung 6: Bestimmen Sie, welche Bedeutung *lassen* hat:

A – Erlaubnis, B – Auftrag, C – Aufforderung, D – Möglichkeit, E – etwas zurücklassen, F – mit etwas aufhören

1. Hast du meine Jacke reinigen lassen?
2. Meine Eltern lassen mich nicht ins Kino gehen.
3. Sie hat ihr Heft zu Hause liegen lassen/gelassen.
4. Wir lassen den Gärtner unsere Büsche schneiden.
5. Lass uns nach Hause gehen.
6. Das Auto lässt sich einfach nicht verkaufen.
7. Ich lasse das Rauchen.
8. Er lässt sich gern massieren.
9. Mein Vater wollte mich nicht zur Party gehen lassen.

Übung 7: Schreiben Sie Sätze im Präteritum und im Perfekt.

1 Karsten lässt sich operieren.

____

____

2. Meine Oma lässt mich den Rasen mähen.

____

____

3. Das lässt sich sehr einfach erklären.

____

____

4. Wir lassen die Kinder nicht alleine.

____

____

5. Du lässt mich nicht in Ruhe lesen.

____

____

6. Sie lässt die Tür offen.

____

____

7. Ihr lasst euch nicht helfen.

____

____

8. Der Text lässt sich leicht übersetzen.

____

____

9. Ich lasse mir den Rücken massieren.

____

____

1.12 Die Verben *kennen* und *wissen*

Nach kennen folgt in der Regel ein Akkusativobjekt.
Beispiel: Ich kenne den Mann. – *Ich kenne ihn.*

Nach *wissen* folgt in der Regel eine neue Information (ein neuer Satz) oder ein Stellvertreter dafür.
Beispiel: Ich weiß, dass er Arzt ist. – *Ich weiß das/es.*

Person	Präsens		Präteritum		Perfekt			
ich	weiß	kenne	wusste	kannte	habe	gewusst	habe	gekannt
du	weißt	kennst	wusstest	kanntest	hast	gewusst	hast	gekannt
er, sie, es	weiß	kennt	wusste	kannte	hat	gewusst	hat	gekannt
wir	wissen	kennen	wussten	kannten	haben	gewusst	haben	gekannt
ihr	wisst	kennt	wusstet	kanntet	habt	gewusst	habt	gekannt
sie , Sie	wissen	kennen	wussten	kannten	haben	gewusst	haben	gekannt

Ergänzen Sie die Sätze.

1. Ich ______________ nicht, wie lange er in Berlin bleibt.
2. ______________ du Tamaras Bruder?
3. Wir ______________ noch nicht, ob wir am Samstag frei haben.
4. Ich habe nicht ______________, dass Maria aus Spanien kommt.
5. Er ist ein Fan von Elvis Presley und ______________ all seine Lieder.
6. ______________ ihr, wann der Professor kommt?
7. Hast du die Familie ______________, der das Haus früher gehört hatte? – Nein, aber ich ______________, dass die Familie nach Kanada gezogen ist.
8. ______________ du, wer dieses Buch geschrieben hat?
9. Er hat seinen Vater nie ______________.
10. ______________ du nicht, dass wir morgen keinen Unterricht haben? – Doch, das ______________ ich.
11. Das Lied ______________ ich.
12. Niemand ______________, warum er das gemacht hat.
13. Ich ______________ die Frau, die am Fenster sitzt.
14. Keiner ______________ genau, wie Leonardo Da Vinci aussah.
15. Dieses Buch ist interessant, ich ______________ es.
16. Stefan hat geheiratet. ______________ du das?
17. Ich ______________, dass er Geburtstag hatte, und habe ihn angerufen.
18. Habt ihr ______________, dass Franz Schubert in Österreich geboren wurde?
19. Wir ______________ uns kaum.
20. Wir ______________, dass Herr Monk unser neuer Lehrer ist, aber wir ______________ ihn noch nicht.
21. Was ______________ du über Malta?
22. Wir ______________ uns schon lange.
23. Lukas ______________ nicht mehr, wie viel das Buch gekostet hat.
24. Ich ______________ Robert, aber ich ______________ nicht, wo er studiert hat.

1.13 Konjunktiv II

Konjunktiv II verwendet man für Situationen, die nicht real sind, die man sich vorstellt oder wünscht.

Beispiele:	Indikativ		Konjunktiv II
mit sein:	Ich bin klein.	–	Ich wäre gern groß.
mit haben:	Wir haben ein Kind.	–	Wir hätten gern viele Kinder.
mit vielen anderen Verben:	Er arbeitet viel.	–	Er würde gern Urlaub machen.

Person	sein	haben	werden (Hilfsverb)
ich	wäre	hätte	würde
du	wär(e)st	hättest	würdest
er, sie, es	wäre	hätte	würde
wir	wären	hätten	würden
ihr	wär(e)t	hättet	würdet
sie, Sie	wären	hätten	würden

Person	können	müssen	sollen	dürfen	wollen
ich	könnte	müsste	sollte	dürfte	wollte
du	könntest	müsstest	solltest	dürftest	wolltest
er, sie, es	könnte	müsste	sollte	dürfte	wollte
wir	könnten	müssten	sollten	dürften	wollten
ihr	könntet	müsstet	solltet	dürftet	wolltet
sie, Sie	könnten	müssten	sollten	dürften	wollten

Übung 1: Ergänzen Sie die Sätze mit *sein* im Konjunktiv II.

1. Sie ist 40 Jahre alt, aber sie _________ gern wieder 18.
2. Helmut ist zu Hause in Linz, er _________ jetzt aber gern bei seiner Freundin in Paris.
3. Mia ist klein, aber sie _________ gern so groß wie ihre Mutter.
4. Sie sind arm, aber sie _________ gern reich.
5. Du bist Student. _________ du gern Professor?
6. Er ist ledig, aber er _________ gern verheiratet.
7. Ich _________ gern erfolgreich.

Übung 2: Ergänzen Sie die Sätze mit *haben* im Konjunktiv II.

1. Ich habe keine Geschwister, aber ich _________ gern Geschwister.
2. Ich _________ auch gern so ein Fahrrad wie deins.
3. Er _________ gern eine große Familie.
4. Unsere Wohnung ist klein und wir _________ so gern eine größere Wohnung.
5. Sie _________ gern ein neues Auto.
6. Ich _________ gern ein Haus am Meer.
7. _________ du gern mehr Zeit für deine Familie?

Übung 3: Ergänzen Sie die Sätze mit *werden* im Konjunktiv II.

1. Ich bleibe im Sommer zu Hause, aber ich ________ gern verreisen.
2. Ich ________ dir alles gern erzählen, aber ich darf es nicht.
3. Was ________ du an meiner Stelle tun?
4. Wir ________ gern unseren Hund mitnehmen, aber im Hotel sind Tiere nicht erlaubt.
5. ________ ihr mitkommen?
6. Er ________ sehr gern Fußball spielen, aber er muss die Hausaufgaben machen.
7. Ich ________ dir gern helfen, aber ich weiß nicht wie.

Übung 4: Setzen Sie *sein, haben* oder *werden* im Konjunktiv II ein.

1. Ich ________ gern viel Geld.
2. Er ________ lieber ins Restaurant gehen.
3. Wir ________ jetzt gern in Berlin.
4. Ich ________ ein neues Rezept ausprobieren.
5. Bei schlechtem Wetter ________ ich zu Hause bleiben.
6. Ich wünsche mir, du ________ bei mir.
7. Tina ________ gern bessere Noten.
8. Ich ________ das Buch gern lesen.
9. Sie ________ gern viele Haustiere.
10. Er ________ gern schlank.
11. Ich ________ ihm gern helfen.
12. ________ du gern Geschwister?
13. Wir ________ lieber auf dem Land wohnen.
14. Was ________ du an meiner Stelle tun?
15. Tina ________ gern Chefin unserer Abteilung.

Übung 5: Schreiben Sie Sätze im Konjunktiv II mit *wenn*.

Beispiel: wir, Geld haben / wir, ein neues Auto kaufen
Wenn wir Geld hätten, würden wir uns ein neues Auto kaufen.

1. du, lauter sprechen / ich, dich besser verstehen

   ____

2. es, nicht so spät sein / wir, eine Tasse Tee trinken, können

   ____

3. du, schneller arbeiten / du, bereits fertig sein

   ____

4. das Wetter, besser sein / ich, spazieren gehen

   ____

5. ich, Chef sein / ich, viel arbeiten müssen

   ____

6. der Zug, pünktlich sein / Vera, nicht so spät zur Arbeit kommen

   ____

7. heute, Sonntag, sein / ich, lange schlafen

____

8. Maria, Zahnschmerzen haben / sie, zum Zahnarzt gehen

____

9. ich, eine Arbeit in Berlin finden / ich, nach Berlin umziehen

____

10. ich, Freunde haben / mein Leben, schöner, sein

____

11. ich, Bürgermeister sein / ich, mehr Kindergärten bauen lassen

____

12. du, früher aufstehen / du, mehr schaffen

____

13. ihr, mehr miteinander reden / ihr, euch besser verstehen

____

Übung 6: Setzen Sie Modalverben im Konjunktiv ein.

1. Du hast Fieber. Du ______________ zu Hause bleiben. (sollen)
2. Er ______________ viel lernen, um das Abitur zu schaffen. (müssen)
3. Wenn ich ______________, ______________ ich in der Türkei Urlaub machen. (wollen, können)
4. Wenn ich Koch wäre, ______________ ich auch am Wochenende arbeiten. (müssen)
5. Wärest du älter, ______________ du länger wach bleiben. (dürfen)
6. Ich ______________ auch im August Urlaub nehmen, aber mein Mann bekommt nur im September Urlaub. (können)
7. Wenn du in Deutschland studieren möchtest, ______________ du perfekt Deutsch sprechen. (sollen)
8. Um den ersten Zug zu erreichen, ______________ ich sehr früh aufstehen. (müssen)
9. Wenn ich am Wochenende arbeiten ______________, ______________ ich für meine Tochter eine Babysitterin finden. (müssen, müssen)
10. Es wäre toll, wenn du mitkommen ______________. (können)

Übung 7: Schreiben Sie Sätze im Konjunktiv II mit *wenn* wie im Beispiel.

Beispiel: Er lernt nicht. Er besteht die Prüfung nicht.
Wenn er lernen würde, würde er die Prüfung bestehen.

1. Peter hat schlechte Noten. Er darf nicht ins Kino gehen.

____

2. Es regnet schon lange nicht. Die Wiese ist ausgetrocknet.

____

3. Ich gewinne nicht im Lotto. Ich mache keine Weltreise.

____

4. Ich habe keine schöne Stimme. Ich singe nicht für euch.

   ____

5. Wir haben keinen Hund. Wir müssen nicht mit ihm jeden Tag rausgehen.

   ____

6. Er arbeitet viel. Er hat wenig Zeit für seine Hobbys.

   ____

7. Du hast keine Zeit. Wir können uns nicht treffen.

   ____

8. Er ruft mich nicht an. Ich bin nicht glücklich.

   ____

9. Sie macht keine Diät. Sie nimmt nicht ab.

   ____

10. Es ist zu weit. Ich fahre nicht mit.

    ____

11. Sie macht keinen Sport. Sie ist nicht fit.

    ____

12. Ich habe dich. Ich bin nicht verloren.

    ____

Übung 8: Ergänzen Sie die Sätze im Konjunktiv II mit dem Hilfsverb *haben* oder *sein*.

1. Wenn ihr mich eingeladen ________, ________ ich gekommen.
2. Ich ________ gestern nach Berlin gefahren, wenn mein Auto nicht kaputt gegangen ________.
3. ________ wir den Flug früher gebucht, ________ wir weniger zahlen müssen.
4. Wenn ihr die Hochzeit besser vorbereitet ________, ________ sie besser verlaufen.
5. Wenn ich ein Stipendium bekommen ________, ________ ich nicht arbeiten müssen.
6. Ich ________ es ihm erzählt, aber er hat mich nicht angerufen.
7. Wenn wir schneller gelaufen ________, ________ wir den Zug erreicht.
8. Er ________ gern ein Bier getrunken, aber er musste Auto fahren.
9. Wenn er nicht ohne Jacke gelaufen ________, ________ er sich nicht erkältet.
10. Wenn sie mehr trainiert ________, ________ sie den Wettkampf gewonnen.
11. Ich ________ ihn gerne angerufen, aber ich konnte seine Telefonnummer nicht finden.
12. Wenn ich gestern in Hamburg gewesen ________, ________ ich in meinem Lieblingsrestaurant gegessen.
13. Wenn ich mich um das Flugticket rechtzeitig gekümmert ________, ________ ich schon gestern nach Spanien geflogen.

1.14 Partizip I und II

Partizipien werden aus Verben gebildet und im Satz ähnlich wie Adjektive verwendet.

Das Partizip I drückt eine aktive Handlung aus, die im Moment des Geschehens stattfindet.
Beispiel: lachen, Verb
Das lachende Kind läuft zu seiner Mutter.

Das Partizip II drückt eine passive Handlung aus, die bereits stattgefunden hat.
Beispiel: kaufen, Verb
Das gekaufte Buch schenke ich meinem Freund.

Übung 1: Bilden Sie das Partizip I.

1. Er hat mit einer gut ________________ Frau gesprochen. (aussehen)
2. Die in unserem Haus ________________ Menschen sind sehr freundlich. (wohnen)
3. Der mit einem Akzent ________________ Mann kommt aus Ungarn. (sprechen)
4. Die ________________ Kinder sind sehr laut. (spielen)
5. Die nach einem freien Platz ________________ Frau näherte sich uns. (suchen)
6. Das vor der Tür ________________ Mädchen war sehr nervös. (warten)
7. Ich hatte Angst vor dem ________________ Hund. (bellen)
8. Wir wollten die auf dem Stuhl ________________ Katze nicht wecken. (schlafen)
9. Die ________________ Demonstranten stehen vor dem Parlamentsgebäude. (protestieren)
10. Das Auto steht mit ________________ Motor auf dem Parkplatz. (laufen)
11. Meine Freundin hat mir etwas über den ________________ Popstar erzählt. (singen)
12. Den vor meinem Fenster ________________ Baum hat mein Opa gepflanzt. (wachsen)
13. Die am Fenster ________________ Frau liest ein Buch. (sitzen)
14. Es ist nicht einfach, ein ________________ Kleid für sie zu finden. (passen)
15. Ich kenne alle hier ________________ Leute. (arbeiten)
16. Abends hört er gerne ________________ Musik. (beruhigen)
17. Die ________________ Zahl der Arbeitslosen ist ein großes Problem für die Gesellschaft. (steigen)
18. Hast du schon mal einen ________________ Fisch gesehen? (fliegen)
19. Mein im Ausland ________________ Onkel kommt selten zu Besuch. (leben)

Übung 2: Bilden Sie das Partizip I.
Beispiel: Die Frau geht über die Straße und schimpft. – *Die schimpfende Frau geht über die Straße.*

1. Das Kind lässt sich nicht beruhigen und weint.

   ____

2. Der Mann trinkt einen Kaffee und telefoniert.

   ____

3. Das Mädchen putzt das Fenster und singt.

   ____

4. Das Parfüm ist nicht teuer und riecht gut.

___

5. Der Mechaniker repariert mein Auto und pfeift.

___

6. Der Papagei sitzt im Käfig und spricht.

___

7. Das Kind liegt im Bett und schreit.

___

Übung 3: Bilden Sie das Partizip II.

1. Ich habe den ___ Stoff schnell wieder vergessen. (lernen)
2. Den ___ Vertrag hat er im Sekretariat abgegeben. (unterschreiben)
3. Das ist eine ___ Geschichte. (vergessen)
4. Die Fußballfans haben sich über das ___ Spiel geärgert. (verlieren)
5. Wir sind in eine ___ Wohnung eingezogen. (renovieren)
6. Der ___ Patient muss zwei Tage im Krankenhaus bleiben. (operieren)
7. Die ___ Flasche steht auf dem Tisch. (öffnen)
8. Ich hänge die ___ Sachen in den Schrank. (bügeln)
9. Wie teuer war die ___ Vase? (zerbrechen)
10. Die ___ Sachen müssen nun gebügelt werden. (waschen)
11. Er hat sich ein ___ Auto gekauft. (gebrauchen)
12. Die Polizei hat die ___ Sachen gefunden. (stehlen)
13. Leon ist ein gut ___ Kind. (erziehen)
14. Die Wohnungen in dem neu ___ Haus sind teuer. (bauen)
15. Sie geht nur mit ordentlich ___ Haaren und ___ Kleidern aus dem Haus. (kämmen, bügeln)
16. Die von meiner Oma ___ Mütze trage ich am liebsten. (stricken)
17. Der ___ Mann vertraut keinem mehr. (betrügen)
18. Der vor drei Jahren ___ Roman ist immer noch ein Bestseller. (veröffentlichen)
19. Die ___ Preise beunruhigen die Gesellschaft. (steigen)
20. Hast du den im Park ___ Handschuh gefunden? (verlieren)
21. Meinen ___ Antrag habe ich zurückbekommen. (ablehnen)
22. Er möchte nicht die ___ Medikamente nehmen. (empfehlen)
23. Die ___ Gäste sind alle pünktlich gekommen. (einladen)
24. Wir waren mit dem ___ Essen zufrieden. (bestellen)
25. Ich kann mich nur auf ___ Daten verlassen. (überprüfen)

2 Präpositionen und Artikel

2.1 Präpositionen mit Dativ

Folgende Präpositionen fordern den Dativ: *ab, aus, bei, mit, nach, seit, von, zu*

	Maskulinum	Femininum	Neutrum	Plural
Nominativ	***der/ein***	***die/eine***	***das/ein***	***die/-***
Dativ	***dem/einem***	***der/einer***	***dem/einem***	***den/-***

Setzen Sie die fehlenden Präpositionen und, wenn nötig, die Artikel bzw. die Possessivartikel ein.

1. ______ ______ Arbeit fahre ich nach Hause.
2. Ich muss ______ dir reden.
3. Er geht um 7 Uhr ______ ______ Haus.
4. Paula übernachtet heute ______ ______ Schwester.
5. Sie arbeitet ______ fünf Monaten in unserem Betrieb.
6. ______ ______ neuen Frisur siehst du jünger aus.
7. Das Gemälde stammt ______ ______ 18. Jahrhundert.
8. Möchtest du morgen ______ uns in den Park gehen?
9. Er wohnt noch ______ ______ Eltern.
10. Wir fahren ______ ______ Auto nach Hannover.
11. ______ Montag nächster Woche rauche ich nicht mehr.
12. Ich habe einen Termin ______ Arzt.
13. Morgen gehe ich ______ Frisör.
14. Ich komme gerade ______ ______ Freund.
15. Holst du heute die Kinder ______ ______ Kindergarten ab?
16. ______ ______ Wetter bleibe ich lieber zu Hause.
17. Wir wohnen ______ Berlin.
18. Das schönste Geschenk habe ich ______ ______ Mutter bekommen.
19. Mein Sohn geht jeden Abend ______ ______ Hund spazieren.
20. Hol bitte zwei Flaschen Wasser ______ ______ Keller.
21. ______ ______ Sprachkurs möchte ich eine Ausbildung machen.
22. Wir wohnen nicht weit ______ Einkaufszentrum.
23. Die Frau kommt ______ ______ Türkei.
24. Kannst du mich ______ Bahnhof fahren?
25. ______ welchem Holz sind die Tische hergestellt?
26. Er arbeitet ______ ______ Firma Biosat.
27. ______ ______ Pause gehe ich schnell wieder in mein Büro.
28. Mein Vater ist ______ Lesen eingeschlafen.
29. Geh bitte endlich ______ ________ Bad, ich muss mich auch noch duschen.
30. Ich habe das ______ ______ Schwester erfahren.
31. Nimm den Regenschirm ______ ______ Tasche.
32. Was kannst du ______ ______ Entschuldigung sagen?

2.2 Präpositionen mit Akkusativ

Folgende Präpositionen fordern den Akkusativ: *bis, durch, für, gegen, ohne, um*

	Maskulinum	Femininum	Neutrum	Plural
Nominativ	***der/ein***	***die/eine***	***das/ein***	***die/-***
Dativ	***den/einen***	***die/eine***	***das/ein***	***die/-***

Setzen Sie die fehlenden Präpositionen und, wenn nötig, die Artikel bzw. die Possessivartikel ein.

1. Ich mag nicht abends ______ ______ Park gehen.
2. Er kann ______ Brille nicht lesen.
3. Wir haben alles Notwendige ______ ______ Mittagessen vorbereitet.
4. Der Fahrer hat die Kontrolle über das Auto verloren und ist ______ ______ Baum gefahren.
5. Er möchte nicht ______ ______ Freundin in Urlaub fliegen.
6. ______ Berlin sind es nur noch 30 km.
7. Ich werde so ______ 17 Uhr zu Hause sein.
8. Mein Auto passt kaum ______ ______ Einfahrtstor der Pension.
9. Du solltest dir mehr Zeit ______ ______ Kinder nehmen.
10. Die Apotheke ist gleich ______ ______ Ecke.
11. Am Samstag spielt unsere Mannschaft ______ ______ Mannschaft aus Bad Belzig.
12. Ich bezahle ______ ______ Hotelzimmer mit meiner Kreditkarte.
13. Wir treffen uns samstags immer so ______ 16 Uhr.
14. Ich kaufe Futter ______ ______ Katze.
15. Frida möchte endlich mal ______ ______ Eltern Silvester feiern.
16. Wir wollen ______ ______ Innenstadt herumfahren, um dem Stau zu entkommen.
17. Ich habe ______ 17 Uhr auf dich gewartet, dann bin ich gegangen.
18. Ich trinke Kaffee ______ Zucker.
19. Wir haben die Ferienwohnung nur ______ ______ Woche gemietet.
20. Er bleibt ______ nächste Woche Donnerstag in Berlin.
21. Ich danke dir. ______ ______ Hilfe hätte ich das nicht geschafft.
22. Er macht sich Sorgen ______ ______ Familie.
23. Nächste Woche fliege ich ______ drei Tage nach Barcelona.
24. Er ist ______ Fahrkarte gefahren und musste eine Strafe zahlen.
25. Ich bin dreimal ______ ______ Block gelaufen.
26. Ich fahre lieber mit dem Bus ______ ______ Stadt als mit dem Auto.
27. Er geht nicht ______ Handy aus dem Haus.
28. Warum möchtest du nicht mitmachen? Was hast du ______ ______ Idee?
29. Nelly hat ______ ______ Rest des Tages frei.
30. Wir sind ______ ______ kilometerlangen Tunnel gefahren.
31. Das darfst du nicht machen. Das ist ______ ______ Regeln.
32. Ich muss diese Arbeit ______ Freitag schaffen.

2.3 Wechselpräpositionen mit Dativ oder Akkusativ

Folgende Präpositionen können den Kasus wechseln: *an, auf, hinter, in, neben, über, unter, vor, zwischen*. Sie verlangen den Akkusativ, wenn sie auf die Frage *wohin*? antworten und eine Richtung angeben. Wenn sie auf die Frage *wo*? antworten und einen Ort angeben, verlangen sie den Dativ.

	Maskulinum	Femininum	Neutrum	Plural
Nominativ	***der/ein***	***die/eine***	***das/ein***	***die/-***
Dativ	***dem/einem***	***der/einer***	***dem/einem***	***den/-***
Akkusativ	***den/einen***	***die/eine***	***das/ein***	***die/-***

	Akkusativ *wohin*?	**Dativ *wo*?**
an	Ich hänge die Uhr an die Wand.	Die Uhr hängt an der Wand.
auf	Ich lege das Buch auf den Tisch.	Das Buch liegt auf dem Tisch.
hinter	Ich stelle das Auto hinter das Haus.	Das Auto steht hinter dem Haus.
in	Ich gehe in die Schule.	Ich bin in der Schule.
neben	Ich setze mich neben die Heizung.	Ich sitze neben der Heizung.
über	Ich hänge die Lampe über den Tisch.	Die Lampe hängt über dem Tisch.
unter	Ich lege die Tasche unter den Tisch.	Die Tasche liegt unter dem Tisch.
vor	Ich stelle mich vor die Tafel.	Ich stehe vor der Tafel.
zwischen	Ich hänge das Bild zwischen die Fenster.	Das Bild hängt zwischen den Fenstern.

Übung 1: Ergänzen Sie den Artikel im Dativ.

1. Die Tasse steht auf ______ Tisch.
2. Der Mülleimer steht unter ______ Spülbecken.
3. Das Bild hängt an ______ Wand.
4. Martina war gestern in ______ Stadt.
5. Er hat eine Woche in ______ (______) städtischen Krankenhaus verbracht.
6. Die Socken liegen unter ______ Bett.
7. Die Katze schläft zwischen ______ Stühlen.
8. Die Kinder warten vor ______ Tür auf ihre Mutter.
9. Wir sind in ______ (______) Wald spazieren gegangen.
10. Das Kind steht hinter ______ Tür.

Übung 2: Ergänzen Sie den Artikel im Akkusativ.

1. Leg bitte die Fernbedienung neben ______ Fernseher.
2. Dienstags stellen wir die Mülltonne an ______ Straße.
3. Wir setzen uns auf ______ Sofa.
4. Hängen Sie bitte Ihren Mantel an ______ Garderobe!
5. Geht ihr heute in ______ Disko?
6. Ich möchte in ______ (______) Theater gehen.

7. Das Auto fährt vor ______ Haustür.
8. Am Sonntag fahren wir an ______ Griebnitzsee bei Berlin.
9. Der Junge wirft den Ball über ______ Zaun.
10. Um wie viel Uhr gehst du in ______ (______) Bett?

Übung 3: Ergänzen Sie den Artikel.

wo?	*wohin?*
1. Die Katze sitzt unter ______ Tisch.	Dann springt die Katze auf ______ Tisch.
2. Die Jacke hängt über ______ Stuhl.	Ich hänge die Jacke in ______ Schrank.
3. Der Papierkorb steht vor ______ Tür.	Ich stelle den Papierkorb in ______ Ecke.
4. Der Apfel liegt in ______ Spüle.	Ich lege den Apfel auf ______ Teller.
5. Die Milch steht neben ______ Mikrowelle.	Ich stelle die Milch in ______ Kühlschrank.
6. Die Kinder laufen auf ______ Sportplatz.	Dann laufen sie in ______ Haus.
7. Das Heft liegt auf ______ Büchern.	Ich lege das Heft unter ______ Bücher.

Übung 4: Bilden Sie Fragen mit *wo?* oder *wohin?*
Beispiel: Max steckt den Brief in den Briefkasten. – *Wohin steckt Max den Brief?*

1. Artur bringt die Tasse in die Küche.
   ____
2. Der Kugelschreiber ist in der Tasche.
   ____
3. Der Hund liegt unter dem Tisch.
   ____
4. Der Mann setzt sich auf den freien Stuhl.
   ____
5. Das Sofa steht im Wohnzimmer.
   ____
6. Wir wohnen in diesem Haus.
   ____

Übung 5: Beantworten Sie die Fragen.
Beispiel: Wo arbeitet Sandra? (Krankenhaus) – *Im Krankenhaus.*

1. Wo ist die Waschmaschine? (Bad)
   ____
2. Wo hast du deinen Schlüssel gefunden? (meine Tasche)
   ____
3. Wo wart ihr gestern? (unser Garten)
   ____
4. Wohin hast du das Buch gelegt? (Tisch)
   ____
5. Wohin gehst du am Wochenende? (Park, Kino)
   ____

6. Wo steht die Lehrerin? (Tafel)

____

7. Wohin soll ich den Stuhl stellen? (Ecke)

____

8. Wohin soll ich das Klassenbuch bringen? (Lehrerzimmer)

____

Übung 6: Ergänzen Sie die Präposition und den Artikel.

1. Christina arbeitet ___________ Pizzeria.
2. Heute bleibe ich bis 17 Uhr ___________ Büro.
3. Ich gehe mit meiner Mutter ___________ Markt.
4. Alina wohnt ___________ alten Haus ___________ Stadtzentrum.
5. Ich gehe oft ___________ Gemüseladen ___________ Hermstraße.
6. Die Tafel hängt ___________ Unterrichtsraum ___________ Wand.
7. Gemüse kaufe ich ___________ Markt und Brot ___________ Bäckerei.
8. Im Sommer fahren wir ___________ Berge.
9. Ich hänge das Poster ___________ Wand.
10. In der Pause gehen die Schüler ___________ Schulhof.
11. Wie oft gehst du ___________ Schwimmbad?
12. Meine Oma sitzt gern im Schatten ___________ Baum.
13. Der Blumentopf steht ___________ Fensterbrett.
14. Der Schlüssel steckt immer noch ___________ Schloss.
15. Das Besteck liegt ___________ Tisch ___________ Teller.
16. Die Kinder essen ___________ Schulkantine.
17. Sie hat ein Bild___________ Wand ___________ Wohnzimmer gehängt.
18. Kannst du die Brötchen ___________ Tüte packen?
19. Wir machen ein Picknick ___________ Fluss.
20. Er möchte ___________ Insel ___________ Indischen Ozean leben.
21. Lieber den Spatz ___________ Hand als die Taube ___________ Dach.
22. Leg bitte die Butter ___________ Kühlschrank.
23. Warst du schon mal ___________ Schweiz?
24. Ich habe dein Foto ___________ Wand gehängt.
25. Ich leihe Bücher ___________ Bibliothek aus.
26. Im September fliegen wir ___________ USA.
27. Renate fährt mit ihren Freundinnen ___________ Meer.
28. Mia studiert ___________ Universität in München.

2.4 Präpositionen mit Genitiv

Folgende Präpositionen fordern den Genitiv: *aufgrund, außerhalb, bezüglich, innerhalb, während, wegen, trotz*

Die meisten maskulinen und neutralen Nomen erhalten im Genitiv die Endung *-s* oder *-es*

	Maskulinum	Femininum	Neutrum	Plural
Nominativ	***der/ein***	***die/eine***	***das/ein***	***die/-***
Genitiv	***des/eines***	***der/einer***	***des/eines***	***der/-***

Übung 1: Ergänzen Sie die Artikel.

1. Während _________ ganzen Gesprächs war ich sehr konzentriert.
2. Sie bekommt viel Unterstützung auch außerhalb _________ Familie.
3. Trotz _________ hohen Preise mag ich dieses Restaurant.
4. Er hat alle Aufgaben innerhalb _________ Stunde erledigt.
5. Wegen _________ Finanzkrise hat er viel Geld verloren.
6. Was hat der Präsident bezüglich _________ Lage in Afghanistan gesagt?
7. Aufgrund _________ schlechten Wetters wird die Veranstaltung um eine Woche verschoben.

Übung 2: Ergänzen Sie die Präpositionen.

1. ______________ des schlechten Wetters spielen wir heute Fußball.
2. ______________ unseres Aufenthaltes in Rom haben wir viele Museen besucht.
3. Sie rufen ______________ unserer Sprechzeiten an.
4. Ich muss diese Arbeit ______________ einer Woche schaffen.
5. Man darf nur ______________ der Pause telefonieren.
6. ______________ der Erkältung musste Ella zu Hause bleiben.
7. ______________ des Urlaubs haben sie sich viel gestritten.
8. Wir konnten ______________ des Nebels nur langsam fahren.
9. Ich mag Kevin ______________ seiner Unpünktlichkeit.
10. ______________ der Demonstration sind mehrere Straßen gesperrt.
11. Man kann den Vertrag ______________ einer Frist von 14 Tagen widerrufen.
12. Er wohnt in einer ruhigen Gegend ______________ der Stadt.
13. ______________ des Personalmangels kann ich nicht im Sommer Urlaub nehmen.
14. Ich bitte Sie um eine Stellungnahme ______________ meiner Beschwerde.
15. ______________ des schönen Wetters ist sie zu Hause geblieben.
16. Es ist verboten, ______________ des Gebäudes zu rauchen.
17. Das ist eine Diskriminierung ______________ des Alters.
18. Er wirkte ______________ der Besprechung sehr entspannt.
19. Ich treffe mich mit meinen Kollegen auch ______________ der Arbeitszeit.
20. ______________ der Proteste seiner Mutter hat er das Studium abgebrochen.
21. Es gibt verschiedene Meinungen ______________ dieser Frage.
22. ______________ der neuen Bedingungen mussten wir unseren Plan ändern.
23. ______________ der Meinungsverschiedenheiten bleiben wir Freunde.

2.5 Genitiv der Zugehörigkeit

Der Genitiv wird gebraucht, um eine Zugehörigkeit auszudrücken, und antwortet auf die Frage *wessen*?

Bei Personennamen wird der Genitiv mit *-s* gebildet.
Beispiel: *das Haus von Greta – Gretas Haus*

Übung 1: Setzen Sie den Artikel bzw. den Possessivartikel ein.

1. Mein Großvater hat ein Haus. – Das ist das Haus _________ Großvaters.
2. Das Jahr hat einen Anfang. – Am Anfang _________ Jahres nehme ich Urlaub.
3. Das Kind hat gute Noten. – Die Noten _________ Kindes sind gut.
4. Die Kinder haben Spielsachen. – Die Spielsachen _________ Kinder liegen überall.
5. Meine Freundin hat geheiratet. – Die Hochzeit _________ Freundin war sehr romantisch.
6. Das Buch hat einen Titel. – Der Titel _________ Buches klingt spannend.
7. Mein Bruder hat eine Tochter. – Die Tochter _________ Bruders ist meine Nichte.
8. Die Geschichte hat einen Sinn. – Den Sinn _________ Geschichte verstehe ich nicht.
9. Unsere Reise hat ein Ziel. – Wir haben das Ziel _________ Reise erreicht.

Übung 2: Setzen Sie den Artikel bzw. den Possessivartikel ein.

1. Wie ist der Name _________ Babys?
2. Ich habe den Brief _________ Mutter gelesen.
3. Wir haben die Hauptstadt _________ Landes besucht.
4. Ich habe die Aufgabe _________ Chefs schnell erfüllt.
5. Die Beine _________ Sportlers sind stark.
6. Die Antworten _________ Schüler haben mich überrascht.
7. Der Motor _________ Autos war kaputt.
8. Der Reißverschluss _________ Jacke muss ausgewechselt werden.
9. Die Katze _________ Eltern ist weggelaufen.
10. Aus dem Flugzeug haben wir Lichter _________ Stadt gesehen.
11. Das Dach ________ Hauses muss repariert werden.
12. Ich schaue mir gern die alten Fotos ________ Eltern an.
13. Die Hose ________ Kindes ist schmutzig.
14. Ich interessiere mich nicht für das Privatleben ________ Fußballspielers.

Übung 3: Schreiben Sie im Genitiv.
Beispiel: die Tür / das Haus – *die Tür des Hauses*

1. das Auto / mein Vater – ____
2. die Tasche / meine Tante – ____
3. die Farbe / die Wand – ____

4. der Moderator / die Sendung – ______
5. der Autor / das Buch – ______
6. das Ergebnis / die Prüfung – ______
7. der Preis / das Kleid – ______
8. die Taschen / die Jacke – ______
9. die Stimme / die Frau – ______
10. die Haare / der Mann – ______
11. die Lösung / das Problem – ______
12. die Ähnlichkeit / die Bilder – ______
13. die Öffnungszeiten / der Laden – ______
14. die Meinung / ein Zuschauer – ______

Übung 4: Schreiben Sie im Genitiv.

1. Wir treffen uns im Haus von meinem Freund.

   ______
2. Ich kaufe das Tablet von der Firma Samsung.

   ______
3. Die Schuhe von meinen Kindern stehen im Flur.

   ______
4. Der Kuchen von meiner Oma ist lecker.

   ______
5. Das Ende von der Geschichte kenne ich nicht.

   ______
6. Wie ist der Name von dem Jungen?

   ______

Übung 5: Schreiben Sie im Genitiv.

1. die Klasse von Alina – ______
2. die Tasche von Oma – ______
3. der Brief von Helmut – ______
4. das Kind von Frida – ______
5. die Regierung von Malta – ______
6. die Bäckerei von Uta – ______
7. das Hotel von David – ______

2.6 Präpositionaladverbien – Formen mit *wo(r)*+Präposition, *da(r)*+Präposition

Präpositionaladverbien können im Satz die Rolle eines Pronomens übernehmen.
Beispiele:
Ich denke an deinen Geburtstag. Und du? Woran denkst du? – Ich denke auch daran.
Ich möchte über unsere letzte Reise sprechen. Und du? Worüber möchtest du sprechen? – Ich möchte auch darüber sprechen.

Präpositionaladverbien beziehen sich nur auf Dinge und nicht auf Lebewesen.
Beispiele:
Ich denke oft an Ellen. Und du? An wen denkst du? – Ich denke auch oft an sie.
Ich habe heute mit Nadine gesprochen. Und mit wem hast du gesprochen? – Ich habe auch mit ihr gesprochen. Und mit anderen Leuten aus unserem Kurs.

Übung 1: Setzen Sie die Wörter ein.

1. __________ hast du so lange telefoniert? – Peter hat angerufen. Er plant eine Reise nach Australien. __________ haben wir gesprochen.
2. Sie ist __________ meiner Entscheidung, im Ausland zu studieren, nicht einverstanden. Wir haben lange __________ diskutiert.
3. __________ ist Deutschland bekannt? – Deutschland ist bekannt __________ gute Autobahnen, aber natürlich nicht nur __________.
4. __________ interessieren Sie sich eigentlich am meisten? – __________ Fußball.
5. __________ protestieren die Leute vor dem Verwaltungsgebäude? – Sie protestieren __________ das neue Steuergesetz.
6. __________ hast du Appetit? – __________ einen leichten Gemüsesalat.
7. Karl möchte schon wieder ein neues Auto kaufen. Ich bin nicht begeistert __________, aber ich kann ihn __________ nicht abhalten.

darüber
für
wogegen
auf
mit
darüber
davon
dafür
wofür
mit wem
wofür
für
worauf
davon
gegen

Übung 2: Ergänzen Sie.

1. A: Interessierst du dich ____________ Politik?
   B: Nein, ____________ interessiere ich mich nicht.
   A: ____________ interessierst du dich denn?
   B: ____________ Kunst.

2. A: Träumst du ____________ einem schicken Auto?
   B: Nein, ____________ träume ich nicht.
   A: ____________ träumst du denn?
   B: ____________ einem schicken Motorrad.

3. A: Erzählst du mir ____________ deinem neuen Job?
   B: Nein, ____________ möchte ich erst mal nichts erzählen.
   A: ____________ möchtest du denn erzählen?
   B: ____________ meinem letzten Urlaub.

4. A: Denkst du wieder ____________ deine Ex?
   B: Nein, ____________ denke ich nicht.
   A: ____________ denkst du denn?
   B: Ich denke nur ____________ dich.

5. A: Ist Paul ____________ Sabine verliebt?
   B: Nein, er ist nicht ____________ verliebt.
   A: ____________ ist er denn verliebt?
   B: Ich glaube, er ist ____________ Melissa verliebt.

6. A: Hast du Angst ____________ der Prüfung?
   B: Nein, ____________ habe ich überhaupt keine Angst.
   A: Und ____________ hast du Angst?
   B: Ich habe nur Angst ____________ dem Gespräch mit unserem Dekan.

Übung 3: Schreiben Sie die passende Frage und ergänzen Sie die Präposition.

1. A: ____?
   B: Ich ärgere mich ____________ meine Vergesslichkeit.

2. A: ____?
   B: Ich denke ____________ unsere Beziehung nach.

3. A: ____?
   B: Ich habe mich ____________ meinem Cousin getroffen.

4. A: ____?
   B: Er beschäftigt sich nur ____________ der Hausarbeit.

5. A: ____?
   B: Sie ist ____________ Paul aus der Personalabteilung verheiratet.

6. A: ____?
   B: Am meisten freut sich Peter ____________ das Geschenk, das er von seinem Opa bekommen hat.

7. A: ____?

   B: Sie achtet __________ ihre Mutter.

8. A: ____?

   B: Wir haben Tim __________ seine Hilfe gedankt.

9. A: ____?

   B: Er beschwert sich __________ seinen Mathelehrer.

10. A: ____?

    B: Ich ekle mich __________ Spinnen.

Übung 4: Ergänzen Sie.

1. Ich kümmere mich __________, dass er pünktlich am Bahnhof ist.
2. Es geht __________, wie viel Geld du investieren möchtest.
3. Wir rechnen fest __________, dass er auch zu unserer Party kommt.
4. Ich muss mich noch __________ informieren, wie wir am schnellsten nach Hamburg kommen können.
5. Wie war dein Wochenende? Erzähl mir __________!
6. Denk bitte __________, dass wir morgen früh aufstehen müssen.
7. Hast du __________ gerechnet, dass die Gäste so spät gehen?
8. Sie hat mich __________ überredet, nach Paris zu fliegen.
9. Er denkt immer öfter __________ nach, seinen Beruf aufzugeben.
10. Er neigt __________, egoistisch zu sein.
11. Sie hat sich noch nicht __________ gewöhnt, mit so vielen Menschen in einem Raum zu arbeiten.
12. Er hat __________ bestanden, dass wir früher nach Hause gehen.
13. Sie schimpft __________, dass die Kinder ihre Sachen auf dem Boden liegen lassen.
14. Erinnere mich __________, dass ich Kaffee kaufen muss!
15. Sie hat sich __________ geärgert, dass Herr Weber sie bei der Morgenbesprechung nicht unterstützt hat.
16. Bist du __________ einverstanden, dass ich dich morgen später abhole?
17. Du sollst __________ aufhören, deine Nachbarn zu ärgern.
18. Es hängt __________ ab, ob ich im Sommer Urlaub bekomme.
19. Wir müssen uns __________ einigen, wie diese Arbeit bezahlt werden soll.
20. Vielleicht wird es heute noch regnen, es sieht __________ aus.
21. Das Gras wächst nicht schneller, wenn man __________ zieht.
23. Ich muss Sie __________ hinweisen, dass Sie Ihre Urlaubsanträge bis Ende der Woche abgeben müssen.
24. Ich hatte keine Zeit, mich __________ zu beschäftigen.

3 Adjektiv

3.1 Deklination der Adjektive

Mit bestimmtem Artikel und auch mit *dieser, diese, dieses, jeder, jede, jedes, mancher, manche, manches, alle, beide, kein* (Plural).

Singular			
Kasus	Maskulinum	Femininum	Neutrum
Nominativ	**der junge Mann**	**die junge Frau**	**das kleine Kind**
Genitiv	**des jungen Mannes**	**der jungen Frau**	**des kleinen Kindes**
Dativ	**dem jungen Mann**	**der jungen Frau**	**dem kleinen Kind**
Akkusativ	**den jungen Mann**	**die junge Frau**	**das kleine Kind**

Plural	
Nominativ	**die kleinen Kinder**
Genitiv	**der kleinen Kinder**
Dativ	**den kleinen Kindern**
Akkusativ	**die kleinen Kinder**

Mit unbestimmtem Artikel und auch mit *mein, dein, sein, … kein*

Singular			
Kasus	Maskulinum	Femininum	Neutrum
Nominativ	**ein junger Mann**	**eine junge Frau**	**ein kleines Kind**
Genitiv	**eines jungen Mannes**	**einer jungen Frau**	**eines kleinen Kindes**
Dativ	**einem jungen Mann**	**einer jungen Frau**	**einem kleinen Kind**
Akkusativ	**einen jungen Mann**	**eine junge Frau**	**ein kleines Kind**

Ohne Artikel

Singular			
Kasus	Maskulinum	Femininum	Neutrum
Nominativ	**junger Mann**	**junge Frau**	**kleines Kind**
Genitiv	**jungen Mannes**	**junger Frau**	**kleinen Kindes**
Dativ	**jungem Mann**	**junger Frau**	**kleinem Kind**
Akkusativ	**jungen Mann**	**junge Frau**	**kleines Kind**

Plural	
Nominativ	**kleine Kinder**
Genitiv	**kleiner Kinder**
Dativ	**kleinen Kindern**
Akkusativ	**kleine Kinder**

auch nach *einige, mehrere, viele*

kurz dick schwarz
groß klein weiß

Übung 1: Beschreiben Sie den Mann auf dem Bild. Benutzen Sie die Adjektive oben.
Beispiel: Seine Augen sind *klein.* Er hat *kleine* Augen.

1. Seine Ohren sind __________. Er hat __________ Ohren.
2. Sein Mund ist __________. Er hat einen __________ Mund.
3. Seine Nase ist __________. Er hat eine __________ Nase.
4. Sein Bauch ist __________. Er hat einen __________ Bauch.
5. Seine Füße sind __________. Er hat __________ Füße.
6. Sein Hemd ist __________. Er hat ein __________ Hemd.
7. Seine Krawatte ist __________. Er hat eine __________ Krawatte.
8. Seine Hose ist __________. Er hat eine __________ Hose.
9. Seine Beine sind __________. Er hat __________ Beine.

Übung 2: Ergänzen Sie die richtige Endung.

1. Der warm_____ Wind weht über das trocken_____ Land.
2. Die lustig_____ Clowns schenken den traurig_____ Kindern Bonbons.
3. Das blau_____ Fahrrad gehört dem Mann mit der rot_____ Tasche.
4. Der klein_____ Bruder von Maja geht in die erst_____ Klasse.
5. Der französisch_____ Designer ist in der ganz_____ Welt berühmt.
6. Das hell_____ sauber_____ Zimmer gefällt den anspruchsvoll_____ Hotelgästen sehr.
7. Die multikulturell_____ Atmosphäre macht die groß_____ Stadt besonders interessant.
8. Der brasilianisch_____ Schriftsteller Paulo Coelho gehört zu den erfolgreichst_____ Buchautoren weltweit.
9. Der fleißig_____ Mitarbeiter freut sich auf den nächst_____ Arbeitstag.
10. Das klein_____ Mädchen hat der alt_____ Dame geholfen.
11. Die unzufrieden______ Gäste beschweren sich über das kalt_____ Essen.
12. Der berühmt_____ Schauspieler spricht mit dem neugierig_____ Reporter.
13. Das rot_____ Hemd kann ich nicht zu der blau_____ Hose anziehen.
14. Der klein_____ Deckel passt nicht zu dem groß_____ Topf.

Übung 3: Ergänzen Sie die richtige Endung.

1. D_____ klein_____ Mädchen will d_____ warm_____ Jacke nicht anziehen.
2. D_____ neu_____ Auto steht in d_____ neu_____ Garage.
3. D_____ groß_____ Familie hat d_____ groß_____ Haus am See gekauft.
4. D_____ hübsch_____ Frau möchte mit d_____ jung_____ Mann tanzen.
5. D_____ saur_____ Limonade schmeckt d_____ klein_____ Kind nicht.
6. D_____ rot_____ Schuhe passen nicht zu d_____ blau_____ Bluse.
7. D_____ neu_____ Kollege mag d_____ arrogant_____ Chefin nicht.
8. D_____ laut_____ Touristen bummeln durch d_____ alt_____ Stadt.
9. Manch_____ jung_____ Leute in unserem Camp sind Bürger d_____ Europäisch_____ Union.
10. Dies_____ alt_____ Buch dokumentiert d_____ interessant_____ Leben von Kolumbus.
11. D_____ neu_____ Möbel passen nicht zu d_____ alt_____ Tapeten.

Übung 4: Ergänzen Sie die richtige Endung (wenn nötig).

1. Er hat ein_____ interessant_____ Arbeit.
2. Wir wohnen in ein_____ alt_____ Wohnung.
3. Ich bringe mein_____ klein_____ Sohn in den Kindergarten.
4. Mein Mann holt unser_____ älter_____ Sohn von der Schule ab.
5. Unser_____ neu_____ Kollege ist sehr nett.
6. Ich wünsche Ihnen ein_____ schön_____ Wochenende.
7. Mein_____ best_____ Freund ist in ein_____ ander_____ Stadt umgezogen.
8. Er ist sehr zufrieden mit sein_____ neu_____ Arbeitsplatz.
9. Ein_____ gut_____ Wort, ein_____ froh_____ Lachen, kann viele Menschen glücklich_____ machen.
10. Er hat uns von sein_____ letzt_____ Urlaub erzählt.
11. Klug_____ Menschen treffen klug_____ Entscheidungen.
12. Ich habe kein_____ groß_____ Hunger.
13. Sie trug ein_____ grün_____ Kleid mit ein_____ schwarz_____ Gürtel.
14. Wir wollen ein_____ schön_____ Rosenbusch in unser_____ klein_____ Garten einpflanzen.
15. Lügen haben kurz_____ Beine.
16. Ein_____ halb_____ Wahrheit ist ein_____ ganz_____ Lüge.

Übung 5: Ergänzen Sie die richtige Endung (wenn nötig).

1. Neben mein_____ neu_____ Haus wachsen noch kein_____ groß_____ Bäume.
2. Dies_____ schön_____ Stadt liegt in ein_____ malerisch_____ Tal.
3. Alle günstig_____ Tickets waren in nur wenig_____ Minuten ausverkauft.
4. Alle groß_____ Leute waren einmal klein_____ Kinder.
5. Sie geht mit ihr_____ best_____ Freundin ins Kino.

6. Wir haben uns am letzt_____ Samstag getroffen.
7. Hast du schon d_____ neu_____ Englischlehrer kennengelernt?
8. D_____ meist_____ Menschen antworten auf ein_____ freundlich_____ Lächeln mit ein_____ freundlich_____ Lächeln.
9. D_____ Film über d_____ spannend_____ Abenteuer von Indiana Jones habe ich mehrmals gesehen.
10. Der Reporter hat verschieden_____ Menschen nach ihrer Meinung gefragt.
11. D_____ groß_____ Haus hat ein_____ groß_____ Keller.
12. D_____ vergangen_____ Jahr war sehr erfolgreich für d_____ deutsch_____ Mannschaft.
13. Erfolgreich_____, sportlich_____ Typ sucht hübsch_____, intelligent_____ Frau für ein_____ romantisch_____ Beziehung.
14. Groß_____ Betrieb sucht motiviert_____ Mitarbeiter.
15. Sie wollte schon immer ihr_____ eigen_____ Weg gehen.
16. Ich habe mir neu_____ Schuhe gekauft, denn d_____ alt_____ sind kaputt gegangen.
17. Mein_____ link_____ Nachbar ist ein_____ italienisch_____ Student.
18. Kann wahr_____ Liebe wirklich alles besiegen?
19. Am spät_____ Nachmittag gab es ein_____ schwer_____ Gewitter.
20. Deutsch_____ Bier schmeckt ihm gut.
21. Hinter groß_____ Männern steht oft ein_____ stark_____ Frau.
22. D_____ groß_____ Tisch haben wir in d_____ neu_____ Geschäft gekauft.
23. Ich esse gern frisch_____ Brot zu ein_____ frisch_____ Salat.
24. Unser_____ klein_____ Kinder sind im Kindergarten und unser_____ groß_____ Sohn ist in der Schule.
25. Ich möchte in d_____ erst_____ Reihe sitzen und d_____ schön_____ Bühne gut_____ sehen können.
26. Hast du kein_____ groß_____ Probleme mehr mit dein_____ neu_____ Nachbarn?
27. Wir wohnen in ein_____ ruhig_____ Viertel ein_____ modern_____ Stadt.
28. Du hast d_____ schwierig_____ Aufgabe so schnell_____ gelöst!
29. Ich nehme ein_____ warm_____ Mantel und ein_____ warm_____ Mütze mit.
30. Das ist ein_____ alt_____ Kette aus rein_____ Gold.
31. Unser_____ lieb_____ Nachbar gießt unser_____ schön_____ Blumen.
32. Viele ausländisch_____ Studenten haben überhaupt keine Probleme mit d_____ deutsch_____ Sprache.
33. Wegen d_____ schlecht_____ Wetters fällt der Ausflug aus.
34. D_____ berühmt_____ französisch_____ Designer hat wieder ein_____ neu_____ Kollektion präsentiert.
35. Wir suchen ein_____ günstig_____ Hotel für unser_____ nächst_____ Urlaub.

3.2 Steigerung und Vergleich

Die Grundform eines Adjektivs nennt man *Positiv*, die nächste höhere Stufe *Komparativ* und die höchste Stufe *Superlativ*.
Beispiel: **Robert (30) ist jung, Mark (25) ist jünger und Stefan (19) ist am jüngsten.**

Auch einige Adverbien können gesteigert werden.
Beispiel: **Ich singe gern, aber ich tanze lieber. Am liebsten spiele ich Fußball.**

Übung 1: Setzen Sie die Steigerungsformen des Adjektivs / Adverbs ein.
Beispiel: warm – wärmer – am wärmsten

langsam – ____________________ – ____________________
lustig – ____________________ – ____________________
hell – ____________________ – ____________________
wenig – ____________________ – ____________________
bequem – ____________________ – ____________________
schön – ____________________ – ____________________
jung – ____________________ – ____________________
reich – ____________________ – ____________________
dumm – ____________________ – ____________________
warm – ____________________ – ____________________
ruhig – ____________________ – ____________________
weit – ____________________ – ____________________
*gut – ____________________ – ____________________
*viel – ____________________ – ____________________
*nah – ____________________ – ____________________
*hoch – ____________________ – ____________________
*gern – ____________________ – ____________________

Übung 2: Ergänzen Sie die Sätze.
Beispiel: groß
Paul hat eine **große** Wohnung.
Sandra hat eine **größere** Wohnung als Paul.
Jan hat die **größte** Wohnung. / Jans Wohnung ist **am größten**.

1. schön

Frau Lipke hat eine ______________ Tasche.
Frau Muck hat eine ______________ Tasche als Frau Lipke.
Frau Bauer hat die ______________ Tasche. / Die Tasche von Frau Bauer ist ______________.

2. hoch

In unserem Garten wachsen ______________ Bäume.
Im Garten von Bernd wachsen ______________ Bäume als in unserem Garten.
Im Garten von Julia wachsen die ______________ Bäume. Die Bäume im Garten von Julia sind ______________.

3. interessant

Tom hat eine _____________ Geschichte erzählt.

Vera hat eine _____________ Geschichte erzählt als Tom.

Nura hat die _____________ Geschichte erzählt. / Nuras Geschichte ist _______________.

4. teuer

Till hat ein _____________ Auto.

Mariana hat ein _____________ Auto als Till.

Christina hat das _____________ Auto. / Christinas Auto ist _______________.

Übung 3: Schreiben Sie Sätze.

Beispiel: groß

Köln +	*Köln ist groß.*
München ++	*München ist größer als Köln.*
Berlin +++	*Berlin ist am größten.*

1. klein

Katze + ________________________________

Maus ++ ________________________________

Ameise +++ ________________________________

2. warm

Mai + ________________________________

Juni ++ ________________________________

Juli +++ ________________________________

3. klug

Beate + ________________________________

Zoe ++ ________________________________

Maia +++ ________________________________

4. schnell

Pferd + ________________________________

Auto ++ ________________________________

Zug +++ ________________________________

5. süß

Apfel + ________________________________

Zucker ++ ________________________________

Honig +++ ________________________________

6. bequem

Stuhl + ________________________________

Sessel ++ ________________________________

Sofa +++ ________________________________

Übung 4: Ergänzen Sie *als* oder *wie*.

1. Anna ist genauso alt ____________ ihre Freundin Layla.
2. Mein neuer Internetanschluss ist viel schneller ____________ mein alter.
3. Dieses Restaurant ist ebenso gut ____________ das Restaurant in der Hauptstraße.
4. Mir schmecken Birnen besser ____________ Äpfel.
5. Dein neues Smartphone ist größer ____________ dein altes.
6. Die blaue Jacke ist genauso teuer ____________ die graue.
7. Unser Haus ist genauso groß ____________ euer Haus.
8. Meine Tochter ist jünger ____________ ihre Freundinnen.
9. Ich trinke lieber Kaffee ____________ Tee.
10. Paul ist genauso intelligent ____________ sein Bruder.
11. Inge ist jetzt viel netter ____________ früher.
12. Dieser Weg ist kürzer ____________ der andere.
13. Du bist genauso stur ____________ dein Bruder.
14. Ich bin genauso aufgeregt ____________ du.
15. Ich weiß besser ____________ du, was ich tun soll.
16. Du kannst nicht so schnell laufen ____________ ich.
17. Ein alter Freund ist besser ____________ zwei neue.
18. Kannst du auch so gut Gitarre spielen ____________ Mark?

Übung 5: Setzen Sie das Adjektiv / Adverb in der richtigen Form ein.

1. Ich trinke ______________ Tee als Kakao, aber ______________ trinke ich Kaffee. (gern)
2. Im Winter ist es ______________ als im Herbst. (kalt)
3. Im Herbst regnet es ______________ als im Sommer. (häufig)
4. Petra ist ______________ als ihre Schwester Karolin, aber Max ist das ______________ Kind in der Familie. (jung)
5. Meine alte Tasche gefiel mir ______________ als meine neue. (gut)
6. Dieser Film ist der ______________, den ich je gesehen habe. (spannend)
7. Gestern war der ______________ Tag des Jahres. (heiß)
8. Deine neue Frisur gefällt mir genauso ______________ wie die alte. (gut)
9. Sein Auto ist viel ______________ als mein Auto. (teuer)
10. Bei meinen Großeltern fühle ich mich so ______________ wie zu Hause. (wohl)
11. Der Nil ist der ______________ Fluss der Welt. (lang)
12. Fußball und Basketball machen mir ______________ Spaß, aber ______________ macht mir Schwimmen Spaß. (viel)
13. Wenn wir Schach spielen, gewinnst du viel ______________ als ich. (oft)
14. Du arbeitest von allen Kollegen ______________. (hart)
15. Kommt er immer so ______________ zum Unterricht? (spät)

16. Um die Prüfung zu bestehen, muss ich noch _______________ lernen. (viel)
17. Mein Buch ist _______________ interessant als deins. (wenig)
18. Keine Straße ist _______________ mit einem Freund an der Seite. (lang)
19. Heute bin ich _______________ aufgestanden als sonst. (früh)
20. _______________ spät als nie. (gut)
21. Liebe ist die _______________ Medizin. (gut)
22. Unser Hochzeitstag war der _______________ Tag meines Lebens. (schön)
23. Man wird mit dem Alter immer _______________. (weise)
24. Ist man im Alter wirklich _______________ als in Jugendjahren? (klug)
25. Emma ist das _______________ Kind in der Familie. (jung)
26. Er ist der _______________ Politiker im Land. (beliebt)
27. Ich weiß nicht _______________ als du. (viel)
28. Wer ist der _______________ deutsche Fußballspieler? (erfolgreich)
29. Wo ist es _______________, in Deutschland oder in Spanien? (warm)
30. Mein Vater kann genauso _______________ kochen wie meine Mutter. (gut)
31. Auf dem Sofa sitzt man _______________ als auf dem Stuhl. (bequem)

Übung 6: Vergleichen Sie die Personen. Schreiben Sie Sätze.

Inge	**Mark**	**Elena**
45 Jahre alt	58 Jahre alt	30 Jahre alt
158 cm	184 cm	165 cm
55 kg	90 kg	50 kg
Gehalt 1600 Euro	Gehalt 2300 Euro	Gehalt 3400 Euro
arbeitet 20 Jahre	arbeitet 37 Jahre	arbeitet 5 Jahre
2 Kinder	4 Kinder	2 Kind

____

____

____

____

____

____

____

____

____

____

____

____

4 Satzbau und Satzverbindungen

4.1 Konzessivsätze mit *obwohl* und *trotzdem*

Konzessiver Zusammenhang mit *obwohl* oder *trotzdem*: Ein Satz beschreibt eine Tatsache, der andere eine Folge oder Reaktion, die man bei dieser Tatsache nicht erwartet.

Beispiele: Es ist sehr kalt. Er zieht keine Jacke an.
Obwohl es sehr kalt ist, zieht er keine Jacke an.
Es ist sehr kalt. Trotzdem zieht er keine Jacke an.

Übung 1: Bilden Sie Sätze mit *obwohl*.

1. Es ist sehr heiß. Wir gehen nicht baden.
2. Simone ist krank. Sie geht zur Arbeit.
3. Frau Walt hat viel Geld. Sie wohnt in einer kleinen Wohnung.
4. Ich esse weiter. Ich bin schon satt.
5. Ich bin munter. Ich habe wenig geschlafen.
6. Er findet keine Arbeitsstelle. Er hat eine gute Ausbildung.
7. Emma kauft sich wieder eine neue Tasche. Sie hat schon so viele.

Übung 2: Bilden Sie Sätze mit *trotzdem*.

1. Karla ist erkältet. Sie geht zum Konzert.
2. Die Wohnung ist teuer. Mark will sie mieten.
3. Anna muss morgens früh aufstehen. Sie sitzt abends lange vor dem Fernseher.
4. Am Wochenende wird es regnen. Wir wollen nach Prag fahren.
5. Die Aufgabe ist langweilig. Ich muss sie erledigen.
6. Die Konzertkarten sind teuer. Sie sind ausverkauft.
7. Das Buch ist für mich nicht interessant. Ich lese es zu Ende.

Übung 3: Bilden Sie Sätze mit *obwohl* und *trotzdem*.

1. Paul lernt wenig. Er hat gute Noten.

2. Es regnet. Wir machen einen Ausflug.

3. Milan war sehr gut in Mathematik. Er studiert Kunst.

4. Er hat eine Schlaftablette genommen. Er kann nicht einschlafen.

5. Sie hat viel gelernt. Sie hat die Prüfung nicht bestanden.

6. Thomas und Linda kennen sich erst seit zwei Monaten. Sie wollen bald heiraten.

7. Die Hose steht mir gut. Ich kaufe sie nicht.

8. Ich bin müde. Ich mache meine Hausaufgaben.

9. Die Jacke ist nicht teuer. Ich will sie nicht kaufen.

10. Max hat heute viel Arbeit. Er geht mit Emma ins Kino.

11. Du lernst erst seit sechs Monaten Deutsch. Du verstehst schon viel.

12. Meine Wohnung ist klein. Ich fühle mich hier wohl.

4.2. Finalsätze *um ... zu ... / damit*

Finalsätze drücken ein Ziel, einen Zweck oder eine Absicht aus und antworten auf die Fragen *wozu? mit welchem Ziel? zu welchem Zweck? mit welcher Absicht?*

Ein Finalsatz mit *um … zu* ist ein Infinitivsatz. Das Subjekt im Hauptsatz ist dasselbe wie im Infinitivsatz. Im Finalsatz mit *damit* können der Hauptsatz und der Nebensatz auch unterschiedliche Subjekte haben.

Beispiele:
Ich brauche Geld. Ich möchte ein Auto kaufen.
Ich brauche Geld, um ein Auto kaufen zu können.
Ich brauche Geld, damit ich ein Auto kaufen kann.
Ich helfe Anna beim Kochen. Das Essen ist schneller fertig.
Ich helfe Anna beim Kochen, damit das Essen schneller fertig ist.

Übung 1: Bilden Sie Sätze mit *damit*.

1. Ich kaufe meinem Sohn eine Fahrkarte. Er kann zur Schule fahren.

   ____

2. Ich helfe Artur beim Renovieren. Er kann bald in die neue Wohnung einziehen.

   ____

3. Wir fahren am Samstag zum Freizeitpark. Die Kinder haben Spaß.

   ____

4. Ich bin näher zu meiner Arbeit gezogen. Ich muss nicht mit dem Zug zur Arbeit fahren.

   ____

5. Meine Eltern haben mir Geld geschenkt. Ich kann mir etwas Neues kaufen.

   ____

6. Die Kellner müssen freundlich sein. Die Gäste fühlen sich wohl.

   ____

7. Du solltest dich beeilen. Du verspätest dich nicht.

   ____

Übung 2: Bilden Sie Sätze mit *um … zu*.

1. Herr Seidel hat angerufen. Er möchte einen Termin vereinbaren.

   ____

2. Ich mache eine Fortbildung. Ich möchte mehr lernen.

   ____

3. Wir fahren am Wochenende nach Dresden. Wir wollen uns die Stadt anschauen und die Gemäldegalerie besuchen.

   ____

4. Frau Bauer geht zur Bank. Sie möchte Geld abheben.

   ____

5. Ich gehe zur Apotheke. Ich muss Medikamente holen.

   ____

6. Ich nehme ein Taxi. Ich will schneller zur Arbeit kommen.

____

7. Luisa braucht eine Brille. Sie möchte Zeitungen lesen.

____

Übung 3: Bilden Sie Sätze mit *damit* oder *um ... zu*.

1. Ich bleibe am Wochenende zu Hause. Ich muss für die Prüfung lernen.

____

2. Paul fährt zum Bahnhof. Er muss seine Freundin abholen.

____

3. Er arbeitet viel. Seine Familie kann gut leben.

____

4. Ich schicke meine Tochter in den Supermarkt. Sie soll Brot und Gemüse kaufen.

____

5. Peter geht zum Sportplatz. Er möchte mit seinen Freunden Fußball spielen.

____

6. Der Vater gibt den Kindern Geld. Sie sollen sich Eis kaufen.

____

7. Ich brauche einen Kuli. Ich muss das Formular ausfüllen.

____

8. Helene kauft Gemüse. Ihre Mutter kann einen Salat machen.

____

9. Ich lerne fleißig. Ich will die Prüfung schaffen.

____

10. Ich spreche langsam. Alle sollen mich verstehen.

____

11. Inge fährt nach England. Sie möchte Englisch lernen.

____

12. Ich erzähle Witze. Meine Freundin soll wieder gute Laune haben.

____

13. Frau Kunz hat ihre Tochter an der Musikschule angemeldet. Sie soll Klavier spielen lernen.

____

14. Wir gehen heute in die Stadt. Wir wollen Geschenke kaufen.

____

15. Wir gehen heute ins Restaurant. Wir wollen nicht selber kochen.

____

4.3 Relativsätze

Relativsätze sind Nebensätze, die zusätzliche Informationen zu einem Nomen oder Pronomen im Hauptsatz enthalten. Relativpronomen passen sich in Zahl und Geschlecht dem Nomen/Pronomen an, auf das sie sich beziehen.

	Maskulinum	Femininum	Neutrum	Plural
Nominativ	*der*	*die*	*das*	*die*
Genitiv	*dess**en***	*der**en***	*dess**en***	*der**en***
Dativ	*dem*	*der*	*dem*	*den**en***
Akkusativ	*den*	*die*	*das*	*die*

Beispiele:
Nominativ
Sie ist mit einem Mann verheiratet, ***der*** aus Italien kommt. (Der Mann kommt aus Italien.)
Ich kenne die Frau, ***die*** am Fenster sitzt. (Die Frau sitzt am Fenster.)
Er arbeitet im Restaurant, ***das*** in der Hauptstraße liegt. (Das Restaurant liegt in der Hauptstraße.)
Er mag Städte, ***die*** klein und ruhig sind. (Die Städte sind klein und ruhig.)

Genitiv
Da kommt unser Lehrer, ***dessen*** Unterricht immer so spannend ist. (Der Unterricht des Lehrers ist spannend.)
Ich habe eine Katze, ***deren*** Augen blau sind. (Die Augen der Katze sind blau.)
Mein Freund hat ein Auto, ***dessen*** Motor 30 Jahre alt ist. (Der Motor des Autos ist 30 Jahre alt.)
Kennst du schon die neuen Nachbarn, ***deren*** Kinder im Hof spielen? (Die Kinder der Nachbarn spielen im Hof.)

Dativ
Er ist ein Mensch, ***dem*** ich vertraue. (Ich vertraue dem Menschen.)
Die Kollegin, mit ***der*** ich zusammen arbeite, hat jetzt Urlaub. (Ich arbeite mit der Kollegin zusammen.)
Das ist das Buch, von ***dem*** ich dir erzählt habe. (Ich habe dir von dem Buch erzählt.)
Er hat viele Reisen gemacht, von ***denen*** ich nur träume. (Ich träume von den Reisen).

Akkusativ
Im Unterricht, ***den*** ich verpasst habe, wurde ein Test geschrieben. (Ich habe den Unterricht verpasst.)
Wo ist die Tasche, ***die*** ich gekauft habe? (Ich habe die Tasche gekauft.)
Ich mache im Sommer eine Reise, für ***die*** ich lange gespart habe. (Ich habe für die Reise lange gespart.)
Das sind die Stifte, ***die*** mir Karla geschenkt hat. (Karla hat mir die Stifte geschenkt.)

Übung 1: Setzen das richtige Relativpronomen ein.

a) Wie heißt der Mann, ______________ den Wettbewerb gewonnen hat?
Wie heißt der Mann, mit ______________ du so lange telefoniert hast?
Wie heißt der Mann, ______________ Auto vor dem Haus steht?
Wie heißt der Mann, ______________ wir gestern im Supermarkt getroffen haben?

b) Wie heißt die Frau, ______________ uns gestern geholfen hat?
Wie heißt die Frau, von ______________ Sabine uns erzählt hat?
Wie heißt die Frau, in ______________ Paul verliebt ist?
Wie heißt die Frau, ______________ Kinder aufs Gymnasium gehen?

c) Wie heißt das Kind, ______________ immer so laut schreit?
Wie heißt das Kind, auf ______________ du aufpassen musst?

Wie heißt das Kind, ____________ Spielzeug im Sandkasten liegt?

Wie heißt das Kind, ____________ die Lehrerin das Buch gegeben hat?

d) Wie heißen die Leute, auf ____________ wir warten?

Wie heißen die Leute, ____________ uns begrüßt haben?

Wie heißen die Leute, ____________ Koffer ins Zimmer gebracht wurde?

Wie heißen die Leute, bei ____________ wir uns entschuldigen müssen?

Übung 2: Setzen Sie das richtige Relativpronomen und, wenn nötig, die Präposition ein.

1. Ich möchte einen Garten haben, ____________ ich nicht viel arbeiten muss.
2. Ich möchte eine Wohnung haben, ____________ Zimmer groß und hell sind.
3. Ich möchte ein Haus haben, ____________ für uns alle genug Platz ist.
4. Ich möchte Freunde haben, ____________ ich jederzeit anrufen kann.
5. Ich möchte eine Arbeit haben, ____________ ich interessant finde.
6. Ich möchte einen Chef haben, ____________ ich mich nicht aufregen muss.
7. Ich möchte einen Pool haben, ____________ man gut schwimmen kann.
8. Ich möchte einen Hund haben, ____________ mir treu ist.
9. Ich möchte einen Nachbarn haben, ____________ Hühner nicht in meinen Garten kommen.

Übung 3: Setzen Sie das richtige Relativpronomen und, wenn nötig, die Präposition ein.

1. Das ist das Kind, ____________ Fahrrad ich repariert habe.
2. Wie hoch ist das Haus, ____________ du wohnst?
3. Holst du mir bitte die Bücher, ____________ im Wohnzimmer auf dem Tisch liegen?
4. Hier um die Ecke ist das Restaurant, ____________ ich gern esse.
5. Sie arbeitet in einem Betrieb, ____________ Möbel herstellt.
6. Wie alt sind die Kinder, ____________ du so gern spielst?
7. Die Schule, ______ ich als Kind gegangen bin, war nur 100 Meter von meinem Elternhaus entfernt.
8. Wie heißt das Gericht, ____________ dir so gut schmeckt?
9. Die Reise, ____________ er sich interessiert, ist sehr teuer.
10. Paul möchte eine Frau kennenlernen, ____________ er sich gut unterhalten kann.
11. Geduld ist ein Baum, ____________ Wurzel bitter, ____________ Frucht aber sehr süß ist.
12. Der Frosch, ____________ im Brunnen lebt, weiß nichts vom großen Meer.
13. Das ist ein Ergebnis, ____________ keiner gerechnet hat.
14. Der Chef hat mir eine Aufgabe gegeben, ____________ ich bis Monatsende fertig sein soll.
15. Sein Zertifikat, ____________ er so stolz ist, hängt in seinem Büro an der Wand.
16. Thomas hat die Stelle bekommen, ____________ er so lange geträumt hat.
17. Der Zug, ____________ ich warte, hat Verspätung.
18. Säge nicht an dem Ast, ____________ du sitzt.
19. Anna hat den Mann geheiratet, ____________ sie im Urlaub kennengelernt hat.

Übung 4: Bilden Sie Relativsätze.

Beispiel: Das sind die Vokabeln. Wir sollen sie bis morgen lernen.
Das sind die Vokabeln, die wir bis morgen lernen sollen.

1. Er kümmert sich um eine Katze. Die Katze ist fünfzehn Jahre alt.
____
2. Meine Mutter hat sich eine Jacke gekauft. Die Jacke steht ihr sehr gut.
____
3. Ich gehe gern im Park spazieren. In dem Park habe ich meinen Mann kennengelernt.
____
4. Ich arbeite mit einem Kollegen zusammen. Der Kollege trinkt morgens immer Milch.
____
5. Da ist der unfreundliche Kellner. Ich habe mich über den Kellner beschwert.
____
6. Ich habe den Brief bekommen. Ich habe auf den Brief lange gewartet.
____
7. Max fährt mit einem Auto. Er findet das Auto nicht toll.
____
8. Birgit hat eine Nachricht bekommen. Sie ist von der Nachricht nicht begeistert.
____
9. Da kommt der Techniker. Ich habe mit ihm telefoniert.
____
10. Das ist Herr Müller. Ich habe dir von ihm erzählt.
____
11. Das Auto gehört unseren Nachbarn. Ihre Kinder sind so unmöglich.
____
12. Ich wurde von der Firma „RILS“ angerufen. Ich hatte mich bei der Firma beworben.
____
13. Ich kenne nicht viele Menschen. Ich kann mich auf sie verlassen.
____

Übung 5: Bilden Sie Relativsätze.

1. Gestern habe ich einen Film gesehen, _______________
2. Klaus hat eine Schwester, _______________
3. Das ist der Zug, _______________
4. Ich arbeite im Büro, _______________
5. Wie hat dir das Essen geschmeckt, _______________
6. Ich treffe mich oft mit meiner Freundin, _______________
7. Danke für die Postkarte, _______________
8. Erinnerst du dich an Marta, _______________

4.4 Temporalsätze mit *als* und *wenn*

Ein Temporalsatz mit *als* oder *wenn* beschreibt eine Situation, die gleichzeitig mit der Situation im Hauptsatz passiert ist. Er antwortet auf die Frage *wann*?

als benutzt man nur für ein einmaliges Geschehnis in der Vergangenheit.

wenn benutzt man für ein Geschehnis sowohl in der Vergangenheit, als auch in der Gegenwart und in der Zukunft. In der Vergangenheit benutzt man *wenn* aber nur, wenn etwas regelmäßig oder mehrmals passierte.

Beispiele:
Als ich 8 Jahre alt war, habe ich angefangen Deutsch zu lernen.
Es war immer lustig, **wenn** wir zusammen gekocht haben.

Übung 1: Ergänzen Sie die Sätze mit als oder wenn.

1. Er ist immer schlecht gelaunt, __________ er Hunger hat.
2. __________ ich heute aufgewacht bin, schien die Sonne.
3. __________ wir endlich in Berlin ankamen, waren wir sehr müde.
4. Ich rief ihn sofort an, __________ ich von dem Unfall erfuhr.
5. Sie hörte mir nicht zu, __________ ich ihr über den Ausflug erzählte.
6. __________ mein Vater von der Arbeit nach Hause kam, wollte er oft erst mal Tee trinken.
7. Er hat das Abitur gemacht, __________ er schon 28 Jahre alt war.
8. __________ unser altes Auto kaputtging, mussten wir uns gleich ein neues kaufen.
9. __________ ich Monti im Rathaus getroffen habe, habe ich ihn nicht erkannt.
10. Ruf mich an, __________ du wieder Zeit hast.
11. __________ wir in den Urlaub fahren, nehmen wir unsere Katze nicht mit.
12. Ich habe Fahrrad fahren gelernt, __________ ich 5 Jahre alt war.
13. Ich war froh, __________ ich den Brief vom Notar bekam.
14. Ich mag am Strand sitzen, __________ die Sonne aufgeht.
15. Es war nie langweilig, __________ wir zusammen gelernt haben.
16. __________ ich 2019 in Paris war, bin ich bis auf die Spitze des Eiffelturms gestiegen.
17. Jedes Mal, __________ wir uns treffen, lerne ich etwas Nützliches.
18. __________ ich mit ihm letzte Woche gesprochen habe, hatte er noch keinen Plan.
19. Wir waren sehr jung, __________ wir uns kennengelernt haben.
20. Sie hört immer Musik, __________ sie kocht.
21. __________ wir uns nächstes Mal sehen, machen wir eine Party.
22. __________ die Musik laut ist, kann ich mich nicht konzentrieren.
23. __________ meine Oma jung war, gab es noch keine Computer.
24. __________ ich lernte, störte mich manchmal mein kleiner Bruder.

4.5 Kausalsätze mit *weil*

Kausalsätze geben einen Grund an und antworten auf die Frage warum?
Beispiel: *Warum liest du das Buch nicht? – Ich lese das Buch nicht, weil es langweilig ist.*

Übung 1: Was passt zusammen? Verbinden Sie.

1.	Warum hast du mich nicht angerufen?	A	Weil ich heute frei habe.
2.	Warum bist du müde?	B	Weil das lustig ist.
3.	Warum bist du nicht auf der Arbeit?	C	Weil ich morgen länger arbeiten muss.
4.	Warum weint Milan?	D	Weil sie Vegetarierin ist.
5.	Warum kommst du morgen nicht zu uns?	E	Weil ich mein Handy nicht dabeihatte.
6.	Warum isst Monika kein Fleisch?	F	Weil sein Luftballon geplatzt ist.
7.	Warum lachst du?	G	Weil ich wenig geschlafen habe.

1: _E_, 2: ____, 3: ____, 4: ____, 5: ____, 6: ____,7: ____

Übung 2: Verbinden Sie die Sätze mit *weil*.
Beispiel: Leon macht Sport. Er möchte abnehmen.
Leon macht Sport, weil er abnehmen möchte.

1. Ich freue mich. Ich habe die Prüfung bestanden.

___

2. Wir bleiben heute zu Hause. Es regnet.

___

3. Wir brauchen eine neue Wohnung. Unsere Wohnung ist zu klein für uns.

___

4. Ich muss heute einkaufen. Mein Kühlschrank ist leer.

___

5. Mein Freund spart Geld. Er möchte ein Auto kaufen.

___

6. Ich komme heute später ins Büro. Ich habe den Zug verpasst.

___

7. Wir können uns nur abends treffen. Ich arbeite bis 18 Uhr.

___

8. Mark wohnt jetzt in Berlin. Er studiert dort.

___

9. Wir gehen durch den Park. Dieser Weg ist kürzer.

___

10. Ich muss Mehl kaufen. Ich will morgen einen Kuchen backen.

___

Übung 3: Bilden Sie Sätze.

1. heute – gehe – bin – früher – ~~ich~~ – müde – Bett – ins – weil – ich
   Ich ______________________________
2. glücklich – ~~Ella~~ – Schwester – weil – hat – eine – bekommen – sie – ist – kleine
   Ella ______________________________
3. gratuliere – Freundin – hat – meiner – ~~ich~~ – weil – Geburtstag – sie
   Ich ______________________________
4. Kleid – weil – sie – findet – schön – trägt – es – ~~Frida~~ – dieses – oft
   Frida ______________________________
5. Gemüse – auf – weil – dem – ist – frisch – kaufe – Markt – dort – ~~ich~~ – es
   Ich ______________________________
6. ~~Luisa~~ – lernen – Kino – muss – ins – nicht – weil – sie – geht
   Luisa ______________________________
7. isst – Hunger – ~~das~~ – hat – ~~Kind~~ – nicht – keinen –weil – es
   Das Kind ______________________________
8. zu – geht – weil – sein – kaputt – Fahrrad – Fuß – ist – ~~er~~
   Er ______________________________

Übung 4: Ergänzen Sie die Sätze.

1. Sabine kommt heute spät nach Hause, weil ______________________________
2. Mein Bruder lernt Englisch, weil ______________________________
3. Ich fahre nach Berlin, weil ______________________________
4. Du musst morgen früh aufstehen, weil ______________________________
5. Ich will den Film nicht sehen, weil ______________________________
6. Ich kann dir im Garten nicht helfen, weil ______________________________
7. Lora mache eine Diät, weil ______________________________
8. Ich mag Thomas, weil ______________________________
9. Wir fahren nicht nach Italien, weil ______________________________
10. Ich kann nicht schwimmen, weil ______________________________
11. Leon fliegt nach Paris, weil ______________________________
12. Ben geht zum Chef, weil ______________________________
13. Ich mag Luisa, weil ______________________________
14. Du solltest mehr schlafen, weil ______________________________

4.6 Infinitivsätze

Ein Infinitivsatz wird mit *zu* + Infinitiv gebildet und hat kein Subjekt.

Übung 1: Was passt am besten zusammen? Verbinden Sie.

1.	Ich finde es interessant,	A	im Hof zu parken.
2.	Es ist gesund,	B	sich nicht zu bedanken.
3.	Ich gebe mir Mühe,	C	die Renovierungsarbeiten pünktlich zu beenden.
4.	Es ist traurig,	D	historische Romane zu lesen.
5.	Meine Eltern verbieten mir,	E	meinen Kollegen zum Geburtstag zu gratulieren.
6.	Es ist erlaubt,	F	ein guter Vater zu sein.
7.	Es ist unhöflich,	G	allein zu sein.
8.	Die Firma ist verpflichtet,	H	dich wiederzusehen.
9.	Manchmal vergesse ich,	I	lange fernzusehen.
10.	Ich bin überrascht,	J	viel Gemüse zu essen.

1: D, 2: ____, 3: ____, 4: ____, 5: ____, 6: ____,7: ____, 8: ____, 9: ____, 10: ____

Übung 2: Ergänzen Sie die Sätze mit einem Infinitivsatz.

Beispiel: Ich habe vergessen, (informieren / über das Angebot des Verkäufers / den Chef)
Ich habe vergessen, den Chef über das Angebot des Verkäufers zu informieren.

1. Sie war überrascht, (bekommen / meinen Brief)
   ____
2. Ich habe vor, (fahren / am Wochenende nach Berlin)
   ____
3. Sie glaubt, (sein / die Beste in der Klasse)
   ____
4. Meine Freundin hat mich überredet, (kaufen / mir den teuren Mantel)
   ____
5. Hast du Lust, (spielen / mit uns Fußball)
   ____
6. Es ist möglich, (bestehen / die Prüfung)
   ____
7. Der Arzt hat beschlossen, (operieren / den Patienten)
   ____
8. Frau Benz erlaubt ihrem Sohn nicht, (essen / viele Süßigkeiten)
   ____
9. Ich träume davon, (fliegen / im Herbst nach Spanien)
   ____
10. Es ist nicht meine Aufgabe, (gießen / die Blumen)
   ____

Übung 3: Wandeln Sie die Sätze in einen Infinitivsatz um.
Beispiel: Er bittet mich, dass ich ihm helfe. – *Er bittet mich, ihm zu helfen.*

1. Ich hoffe, dass ich schnell fertig werde.

___

2. Sie ist froh, dass sie in die Disko gehen darf.

___

3. Du hast versprochen, dass du mich anrufst.

___

4. Ich bin glücklich, dass ich meinen Ausweis wiederhabe.

___

5. Ich rate dir, dass du mehr lernst.

___

6. Der Lehrer erlaubt dem Schüler, dass er früher nach Hause geht.

___

7. Ich freue mich, dass ich Sie wiedersehe.

___

8. Er hat entschieden, dass er eine Ausbildung macht.

___

9. Ich schlage vor, dass wir heute ins Kino gehen.

___

10. Ich finde es super, dass ich mit meinen Freunden in Urlaub fahre.

___

11. Er gibt sich Mühe, dass er ein guter Lehrer ist.

___

12. Die Sekretärin bittet Frau Ullrich, dass sie im Empfangsraum wartet.

___

Übung 4: Bilden Sie Infinitivsätze.
Beispiel: Wir dürfen keinen Taschenrechner im Unterricht benutzen. Unser Lehrer verbietet das.
Unser Lehrer verbietet uns, Taschenrechner im Unterricht zu benutzen.

1. Vera lernt Arabisch. Sie hat angefangen.

___

2. Man kann nicht alles wissen. Das ist unmöglich.

___

3. Max geht nicht einkaufen. Er hat keine Zeit dafür.

___

4. Ich fahre gern Rad. Das macht mir Spaß.

___

5. Ich kann ihn nicht ansprechen. Ich traue mich nicht.

___

6. Diana will ihre Arbeit nicht verlieren. Sie hat Angst davor.

   ____

7. Anna möchte nach Potsdam umziehen. Sie hat es vor.

   ____

8. Niko will pünktlich sein. Er gibt sich Mühe.

   ____

9. Ich gehe heute nicht ins Kino. Ich habe keine Lust.

   ____

10. Sei höflich! Ich bitte dich darum.

    ____

11. Du musst erst klopfen und nicht gleich reinkommen. Hast du das nicht gelernt?

    ____

12. Jeder möchte, dass er von anderen Menschen respektiert wird. Jeder wünscht sich das.

    ____

13. Wir müssen den Bericht am Montag abgeben. Der Chef verlangt das von uns.

    ____

Übung 5: Ergänzen Sie die Sätze mit einem Infinitivsatz.

1. Du hast versprochen, ______________________________
2. Wir haben geplant, ______________________________
3. Er weigert sich, ______________________________
4. Es ist notwendig, ______________________________
5. Ich habe vergessen, ______________________________
6. Der Arzt hat mir empfohlen, ______________________________
7. Ich helfe dir, ______________________________
8. Vergiss nicht, ______________________________
9. Hast du Lust, ______________________________
10. Sie bittet mich, ______________________________
11. Maria freut sich, ______________________________
12. Er traut sich nicht, ______________________________
13. Es ist schön, ______________________________
14. Wir haben uns entschieden, ______________________________
15. Unsere Firma hat den Auftrag bekommen, ______________________________
16. Ich brenne nicht darauf, ______________________________
17. Mein Vater erlaubt mir nicht, ______________________________
18. Hör bitte auf, ______________________________
19. Es ist langweilig, ______________________________
20. Ich habe versucht, ______________________________

4.7 Indirekte Fragesätze

Indirekte Fragen sind Nebensätze, die mit einem Fragewort oder *ob* eingeleitet werden. Das Verb steht am Satzende.
Beispiel: Wo wohnt er? – **Ich weiß nicht, wo er wohnt.**

Wenn die Frage kein Fragewort hat, verwendet man ob.
Beispiel: Hat Martin Freunde? – **Ich weiß nicht, ob er Freunde hat.**

Übung 1: Antworten Sie mit einem Fragewort.

1. Wann beginnt der nächste Deutschkurs?
   Ich habe keine Ahnung, ________________________________
2. Warum ist Linda traurig?
   Ich kann dir nicht sagen, ________________________________
3. Wann hat Petra Geburtstag?
   Sie hat nicht gesagt, ________________________________
4. Wer hat dir diese Geschichte erzählt?
   Ich habe vergessen, ________________________________
5. Wann kommst du zurück?
   Ich weiß noch nicht, ________________________________
6. Warum ist er noch nicht da?
   Ich würde auch gern wissen, ________________________________
7. Wie viele Leute kommen zum Fest?
   Ich weiß nicht, ________________________________

Übung 2: Antworten Sie mit *ob*.

1. Hast du am Samstag frei?
   Ich bin nicht sicher, ________________________________
2. Kommt Diana auch zu deiner Party?
   Ich weiß nicht, ________________________________
3. Hat der Zug Verspätung?
   Es gibt noch keine Information, ________________________________
4. Regnet es diese Woche noch?
   Keiner weiß, ________________________________
5. Muss ich mich bei Alina entschuldigen?
   Frag mich nicht, ________________________________
6. Kann Aziza Englisch sprechen?
   Sie hat nie gesagt, ________________________________
7. Hast du das Hotel gebucht?
   Ich habe vergessen, ________________________________

Übung 3: Bilden Sie indirekte Fragen mit *ob*.

1. Findet der Unterricht statt?
   Könnte mir jemand sagen, ______
2. Kommst du mit?
   Ich würde gern wissen, ______
3. Soll ich das Buch kaufen?
   Könnten Sie mir bitte sagen, ______
4. Isst du gern Bananen?
   Sag bitte, ______
5. Ist der Platz noch frei?
   Weiß jemand, ______
6. Ist der Zug schon losgefahren?
   Ich möchte wissen, ______

Übung 4: Bilden Sie indirekte Fragen.

1. Wie lange hat das Geschäft geöffnet?
   Wissen Sie, ______
2. Was isst Melissa gern?
   Könntest du mir verraten, ______
3. Was denkt er über mich?
   Ich würde gern wissen, ______
4. Bist du morgen pünktlich da?
   Könntest du mir sagen, ______
5. Wie alt sind Sie?
   Darf ich Sie fragen, ______
6. Kann man mit dem Auto hinfahren?
   Weißt du vielleicht, ______
7. Wie spät ist es?
   Wissen Sie, ______
8. Warum ärgerst du dich so?
   Kannst du mir erklären, ______
9. Bist du einverstanden?
   Sag bitte, ______
10. Wann beginnt der neue Kurs?
    Könnten Sie mir bitte mitteilen, ______
11. Wann kommt der Zug an?
    Könnten Sie mir bitte sagen, ______
12. Worauf soll ich achten?
    Würden Sie mir bitte zeigen, ______

4.8 Reihenfolge von Dativ und Akkusativ im Satz

Position 1	Position 2	Position 3	Position 4
		Dativ (wem?)	**Akkusativ (was?)**
Paul	schenkt	seinem Bruder ihm	ein Buch.
		Akkusativ (was?)	**Dativ (wem?)**
Er	schenkt	es	seinem Bruder. ihm.

Nominativ	Dativ	Akkusativ
ich	mir	mich
du	dir	dich
er	ihm	ihn
sie	ihr	sie
es	ihm	es
wir	uns	uns
ihr	euch	euch
Sie, sie	Ihnen, ihnen	Sie, sie

Ersetzen Sie die Nomen durch Pronomen.
Beispiel: Frau Heinig gibt ihrem Hund das Futter. – *Sie gibt es ihm.*

1. Inge leiht der Nachbarin ihr Fahrrad.

   ____

2. Lukas kann dir die Aufgaben geben.

   ____

3. Die Großmutter liest den Kindern das Märchen vor.

   ____

4. Ich empfehle meinen Freunden das neue Restaurant.

   ____

5. Wir schicken unserer Mutter ein Paket.

   ____

6. Das Kind zeigt seinen Eltern das Heft.

   ____

7. Der Kellner hat den Gästen Getränke angeboten.

   ____

8 Kauf dir die Jacke.

   ____

9. Diana hat ihren Eltern ihr neues Haus gezeigt.

   ____

10. Der Professor kann dem Studenten die Frage beantworten.

   ____

11. Der Chef gibt meinem Kollegen eine neue Aufgabe.

12. Die Sekretärin bringt dem Chef eine Tasse Kaffee.

13. Bringst du dem Lehrer die Bücher?

14. Lotta hat ihrem Bruder den Stift weggenommen.

15. Der Arzt hat dem Patienten ein Medikament empfohlen.

16. Die Eltern kauften Melissa ein Dreirad.

17. Ich überweise meiner Mutter das Geld.

18. Der Trainer hat dir die Spielregeln erklärt.

19. Er hat mir die Nachricht nicht erzählt.

20. Verkaufst du Anna dein Auto?

21. Liest du uns den Satz vor?

22. Ich habe den Nachbarn meine Hilfe angeboten.

23. Ich habe meinem Bruder ein Eis versprochen.

24. Wünschst du dir ein neues Auto?

25. Die Firma liefert Herrn Schröder die Schränke in vier Wochen.

26. Gestern habe ich Sandra eine E-Mail geschickt.

27. Der Vater hat seiner Tochter eine interessante Geschichte erzählt.

28. Ich kann Paul die CD nicht schenken.

29. Der Dieb hat Thomas sein Portemonnaie gestohlen.

4.9 Doppelkonjunktionen

Konjunktion	Beispiel	Bedeutung
entweder ... oder ...	Morgens trinke ich entweder Tee oder Kaffee.	Tee oder Kaffee = A oder B
nicht nur ... sondern auch ...	Morgens trinke ich nicht nur Tee, sondern auch Kaffee.	Tee *ja* und Kaffee *ja* = A und B
sowohl ... als auch ...	Morgens trinke ich sowohl Tee als auch Kaffee.	Tee *ja* und Kaffee *ja* = A und B
weder ... noch ...	Morgens trinke ich weder Tee noch Kaffee. Ich trinke Wasser.	Tee *nein* und Kaffee *nein* = *nicht* A und *nicht* B
zwar ... aber ...	Morgens trinke ich zwar immer Tee, aber heute möchte ich einen Kaffee.	Tee *ja*, aber diesmal Kaffee Einschränkung: B trotz A
je ... desto ...	Je mehr du lernst, desto mehr weißt du.	lernen *mehr* = wissen *mehr* A ↓↑ dann B ↓↑

Übung 1: Bilden Sie Sätze mit *entweder – oder.*

1. Ich bestelle eine Pizza oder einen Salat.

   ____

2. Du sagst mir die Wahrheit oder wir sind keine Freunde mehr.

   ____

3. Zum Geburtstag wünsche ich mir ein Smartphone oder eine Fotokamera.

   ____

4. Er möchte in Spanien oder in Argentinien studieren.

   ____

5. Du kommst zu mir oder ich komme zu dir.

   ____

Übung 2: Bilden Sie Sätze mit *nicht nur – sondern auch.*

1. Im Haus wohnen alte Menschen. Im Haus wohnen junge Menschen.

   ____

2. Ich esse Gemüse. Ich esse Obst.

   ____

3. Lukas war müde. Lukas war traurig.

   ____

4. Mary kann lesen. Sie kann schreiben.

   ____

5. Du warst in Potsdam. Du warst in Berlin.

   ____

Übung 3: Bilden Sie Sätze mit *sowohl – als auch.*

1. Aziza interessiert sich für Musik. Aziza interessiert sich für Theater.

   ____

2. Wir brauchen Gemüse. Wir brauchen Reis.

   ____

3. Er hat Schnupfen. Er hat Halsschmerzen.

   ____

4. Ich mag Schokoladeneis. Ich mag Vanilleeis.

   ____

5. Es war kalt. Es war regnerisch.

   ____

Übung 4: Bilden Sie Sätze mit *weder – noch.*

1. Er hat keinen Mantel. Er hat keine Jacke.

   ____

2. Sonja hat keine Freunde. Sonja hat keine Verwandte.

   ____

3. Ich lese keine Bücher. Ich lese keine Zeitungen.

   ____

4. Wir sprechen kein Chinesisch. Wir sprechen kein Japanisch.

   ____

5. Sie mag keine klassische Musik. Sie mag keine moderne Musik.

   ____

Übung 5: Bilden Sie Sätze mit *zwar – aber.*

1. Die Suppe ist kalt. Trotzdem esse ich sie.

   ____

2. Mark lernt Englisch. Er findet Französisch schöner.

   ____

3. Raul kommt aus Spanien. Er spricht perfekt Deutsch.

   ____

4. Die Tasche ist billig. Ihre Qualität ist gut.

   ____

5. Die Reise war interessant. Die Reise war anstrengend.

   ____

Übung 6: Bilden Sie Sätze mit *je – desto.*

1. Ich arbeite viel. Ich verdiene viel.

   ____

2. Der Tag wird lang. Die Nacht wird kurz.

3. Der Mensch ist alt. Er hat viel Lebenserfahrung.

4. Ich denke lange über dein Angebot nach. Es erscheint mir interessant.

5. Du übst oft. Du lernst schnell.

6. Du stehst früh auf. Du schaffst viel.

7. Ich esse viele Süßigkeiten. Ich werde dick.

8. Der Sommer ist trocken. Man erntet wenig.

Übung 7: Bilden Sie Sätze mit Doppelkonjunktionen.

1. Das Auto ist nicht bequem. Das Auto ist nicht schön.

2. In den Ferien fahre ich nach Italien oder nach Spanien.

3. Peter ist ein netter Kollege. Er vergisst manchmal wichtige Termine.

4. Meine Mutter hat blaue Augen. Meine Oma hat blaue Augen.

5. Ich habe diese Frau schon ein paar Mal gesehen. Ich kenne ihren Namen nicht.

6. Sie ist meine Kollegin. Sie ist meine Freundin.

7. Er ist nicht mein Freund. Er ist nicht mein Kollege.

8. Ich muss mich entscheiden: ich mache Karriere oder ich bekomme Kinder.

9. Ich fahre schnell. Ich bin schnell zu Hause.

10. Paul ist Vegetarier. Er isst kein Fleisch und keinen Fisch.

11. Das Gebäude ist hoch. Das Bauprojekt ist kompliziert.

Lösungen

1.1

Übung 1
1. Paul *liest* jeden Tag Zeitungen. | 2. Du *schläfst* am Wochenende lange. | 3. Was *esst* ihr gern? | 4. Mein Kollege *spricht* gern über Autos. | 5. Du *fährst* mit dem Bus zur Arbeit. | 6. Ihr *gebt* euch viel Mühe. | 7. Er *wäscht* sein Auto jede Woche. | 8. Über die Straße *läuft* eine Katze. | 9. Jens *sieht* mich nicht. | 10. Luisa *hilft* ihrer Mutter im Garten. | 11. Anna *trägt* immer Sportschuhe. | 12. Du *vergisst* oft die Geburtstage deiner Freunde. | 13. Wann *trefft* ihr euch?

Übung 2
1. stiehlt | 2. isst | 3. Behältst | 4. hältst | 5. gibt | 6. wird | 7. lässt | 8. verlässt | 9. liest | 10. empfiehlt | 11. rät | 12. gefällt | 13. nimmt | 14. lädt | 15. fällt

Übung 3
1. lädt ... ein | 2. tritt ... zurück | 3. Wirfst ... weg | 4. nehmt ... weg | 5. schlägt ... vor | 6. bricht ... ab | 7. siehst ... fern 8. tritt ... ein | 9. Gebt ... ab | 10. gibt ... ab | 11. spricht ... aus | 12. Nimmst ... mit | 13. siehst ... aus | 14. fängst ... an | 15. schläft ... aus | 16. schläft ... ein | 17. fährt ... ab | 18. Isst ... auf | 19. wäscht ... ab

1.2

Übung 1
1. Sie *steht* jeden Morgen um sechs *auf*. | 2. Er *kommt* in zwei Wochen *zurück*. | 3. Ich *verstehe* Ihre Frage. | 4. Ich *besuche* meinen Onkel im Sommer. | 5. Sie hängt die Wäsche zum Trocknen *auf*. | 6. Ich *komme* nicht *mit*. | 7. Die Musik *gefällt* mir. | 8. Er *kauft* im Kaufhaus im Stadtzentrum *ein*.

Übung 2
1. unterschrieben | 2. abgeschrieben | 3. übersetzt | 4. angemeldet | 5. umgezogen | 6. verdient | 7. aufgegeben | 8. zugenommen | 9. unternommen | 10. großgezogen

Übung 3
1. Wir haben ein Geschenk von unserem Freund Max bekommen. | 2. Ich bin erst um zwei Uhr eingeschlafen. | 3. Er hat die Prüfung bestanden und das Zertifikat bekommen. | 4. Wir haben den Zug verpasst. Er ist ohne uns abgefahren. | 5. Ich habe den Fehler übersehen und keine gute Note erhalten. | 6. Ich bin in den falschen Zug eingestiegen. | 7. Er hat mir den Weg zum Bahnhof erklärt. | 8. Sie hat das Auto bar bezahlt.

Übung 4
1. auf | 2. vor | 3. an | 4. teil | 5. mit | 6. an | 7. statt | 8. um 9. fern | 10. aus | 11. ab | 12. an | 13. auf | 14. an | 15. aus

Übung 5
1. denke | 2. wacht | 3. ruft | 4. macht | 5. bereitet | 6. lade 7. passt | 8. zieht | 9. steht

Übung 6
Um 6:30 Uhr *klingelt* der Wecker. Frau Niedens möchte gern *weiterschlafen*, aber sie muss *aufstehen*. Sie *geht* ins Badezimmer. Dort *putzt* sie die Zähne und *zieht* frische Kleidung *an*. Sie *frühstückt* schnell und *verlässt* das Haus.

Frau Niedens *läuft* zur Bushaltestelle. Sie *steigt* in den Bus *ein* und *fährt* zur Arbeit. Um 08:00 Uhr *kommt* sie im Büro *an*. Wie immer hat sie auch heute viel zu tun. Sie *ruft* Kunden *an*, *beantwortet* E-Mails, *bereitet* Präsentationen vor und *unterschreibt* Verträge.

Nach der Arbeit, um 17 Uhr *kauft* sie im Supermarkt *ein*. Zu Hause *bereitet* sie das Abendessen *zu*. Sie möchte nicht alleine essen und *lädt* ihre Freundin *ein*. Sie *essen* zusammen und *unterhalten sich*. Um 20:00 Uhr *geht* die Freundin nach Hause. Frau Niedens *wäscht* das Geschirr *ab* und *räumt* die Küche *auf*. Um 21 Uhr *fängt* ein interessanter Film *an*. Sie *sieht* nur bis 22 Uhr *fern*, denn sie ist schon müde. Sie *schaltet* den Fernseher *aus* und *schläft* bald *ein*.

1.3

Übung 1
1. mit | 2. auf | 3. über | 4. an | 5. mit | 6. über | 7. gegen 8. bei, für | 9. nach | 10. an | 11. in | 12. An | 13. über | 14. nach | 15. um | 16. von | 17. bei, um | 18. nach | 19. um | 20. an | 21. Auf | 22. auf | 23. nach | 24. zu | 25. für | 26. auf | 27. auf

Übung 2
1. von | 2. an | 3. zu | 4. von | 5. auf | 6. über | 7. mit | 8. gegen | 9. an | 10. auf | 11. vor | 12. an | 13. um | 14. auf 15. über | 16. von | 17. auf | 18. mit | 19. vor | 20. nach | 21. bei | 22. nach | 23. von | 24. aus | 25. zu | 26. auf

Übung 3
1. von (vom) | 2. auf | 3. auf | 4. für | 5. mit | 6. von | 7. mit | 8. auf | 9. mit | 10. von | 11. für | 12. zu | 13. über | 14. Mit | 15. Mit | 16. auf | 17. an | 18 an | 19. auf | 20. auf 21. für | 22. für | 23. für | 24. von | 25. mit

Übung 4
1. dem | 2. den/meinen/... | 3. die | 4. meinem/deinem/... | 5. die | 6. das | 7. ihren | 8. die/deine/Ihre/... | 9. der | 10. die | 11. der | 12. die | 13. ihrer | 14. den | 15. der/deiner/... | 16. der | 17. der | 18. ihrem | 19. die | 20. seinem/meinem/... 21. den/unseren/... | 22. einer | 23. der | 24. die | 25. seinem/meinem/... | 26. ihren/unseren/...

Übung 5
1. mit dem | 2. von seiner | 3. um den | 4. mit dem | 5. bei ... für Ihre/die | 6. mit der | 7. um das | 8. an die | 9. für die | 10. an die | 11. mit seiner/meiner/... | 12. über meine/deine/... | 13. auf mein | 14. über die ..., bei der | 15. von der/seiner/... | 16. mit den/seinen | 17. auf meine | 18. auf die/deine | 19. an den/ihren/... 20. auf einen/den ... 21. an die | 22. für die | 23. für ein | 24. mit den | 25. über den/deinen/... | 26. auf die/deine/... | 27. auf das/dein/unser ... | 28. um das | 29. nach dem | 30. an einer | 31. für einen | 32. über den | 33. über den | 34. an den/meinen/...

1.4

Übung 1
gehen – Geh! – Geht! – Gehen Sie! | trinken – Trink! – Trinkt! – Trinken Sie! | hören – Hör(e)! – Hört! – Hören Sie! | erzählen – Erzähl(e)! – Erzählt! – Erzählen Sie! | zeigen – Zeig(e)! – Zeigt! – Zeigen Sie! | kommen – Komm! – Kommt! – Kommen Sie! | arbeiten – Arbeite! – Arbeitet! – Arbeiten Sie! | warten – Warte! – Wartet! – Warten Sie! | essen – Iss! – Esst! – Essen Sie! | geben – Gib! – Gebt! – Geben Sie! | nehmen – Nimm! – Nehmt! – Nehmen Sie! | sehen – Sieh! – Seht! – Sehen Sie! | singen – Sing(e)! – Singt! – Singen Sie! rechnen – Rechne! – Rechnet! – Rechnen Sie! | sein – Sei! – Seid! – Seien Sie! | wiederholen – Wiederhol(e)! – Wiederholt! – Wiederholen Sie! | widersprechen – Widersprich! – Widersprecht! – Widersprechen Sie! | mitkommen – Komm mit! – Kommt mit! – Kommen Sie mit! | anfangen – Fang(e) an! – Fangt an! – Fangen Sie an!

Übung 2
das Foto zeigen – Zeig das Foto! – Zeigt das Foto! – Zeigen Sie das Foto! | die Tür aufmachen – Mach die Tür auf! – Macht

die Tür auf! – Machen Sie die Tür auf! | das Buch lesen – Lies das Buch! – Lest das Buch! – Lesen Sie das Buch! | nett sein – Sei nett! – Seid nett! – Seien Sie nett!
das Buch nicht vergessen – Vergiss das Buch nicht! – Vergesst das Buch nicht! – Vergessen Sie das Buch nicht! | langsamer sprechen – Sprich langsamer! – Sprecht langsamer! – Sprechen Sie langsamer! | den Lehrer fragen – Frag(e) den Lehrer! – Fragt den Lehrer! – Fragen Sie den Lehrer! | dem Kind helfen – Hilf dem Kind! – Helft dem Kind! – Helfen Sie dem Kind! | auf die Frage antworten – Antworte auf die Frage! – Antwortet auf die Frage! – Antworten Sie auf die Frage! | sich nach vorne setzen – Setz dich nach vorne! – Setzt euch nach vorne! – Setzen Sie sich nach vorne! | das Paket abholen – Hol das Paket ab! – Holt das Paket ab! – Holen Sie das Paket ab! | das Zimmer aufräumen – Räum(e) das Zimmer auf! – Räumt das Zimmer auf! – Räumen Sie das Zimmer auf! | Tim anrufen – Ruf(e) Tim an! – Ruft Tim an! – Rufen Sie Tim an!

Übung 3
1. Räum(e) dein Zimmer auf! | 2. Kommen Sie ins Büro! | 3. Seid ruhig! | 4. Passt besser auf! | 5. Füllen Sie die Formulare aus! | 6. Fahr(e) mit dem Zug nach Berlin! | 7. Kämm(e) dir die Haare! | 8. Denkt an die Hausaufgaben! | 9. Bleib(e) nicht zu lange im Wasser | 10 Hört auf zu streiten! 11. Seien Sie aufmerksam! | 12. Trink(e) Hustensaft!

Übung 4
1. Antworten Sie bitte auf die E-Mails! | 2. Schrei(e) deinen Bruder bitte nicht an! | 3. Geht bitte ins Bett! | 4. Glaub(e) ihm bitte nicht! | 5. Vergessen Sie bitte Ihren Regenschirm nicht! | 6. Kauf(e) bitte Brot! | 7. Lernt bitte mehr! | 8. Arbeite bitte nicht zu viel am Computer und geh(e) an die frische Luft! | 9. Esst bitte nicht zu schnell! | 10. Hör(e) bitte auf deinen Vater! | 11. Spring(e) bitte nicht auf dem Bett! | 12. Lies bitte den Text!

1.5

Übung 1
1. waren | 2. hatte/hatten | 3. hatte | 4. Hattest … warst | 5. warst | 6. hatte … war | 7. hatte | 8. hatten | 9. warst | 10. war

Übung 2
1. tanzte | 2. wartete | 3. kaufte | 4. reiste | 5. machtest | 6. telefoniertest | 7. erzählte | 8. fühlte | 9. brauchte … fragte nach | 10. besuchte | 11. wollte | 12. sagte … lernte | 13. liebte | 14. interessierte … arbeitete | 15. respektierten

Übung 3
1. sprachen | 2. kam … an | 3. aß | 4. war … lief | 5. kannte | 6. gelang | 7. fandest | 8. trank | 9. sprangen | 10. brachten … mit | 11. verstand | 12. half … baten | 13. wusste … warst 14. gab | 15. blieb | 16. stritten

Übung 4
1. stand | 2. saßen … unterhielten | 3. kaufte … fuhr | 4. musste … hatte | 5. trug | 6. färbte … konnte | 7. baute | 8. sang | 9. wusch … setzte | 10. schrieb … wollte | 11. flog … besuchte | 12. gab … war

Übung 5
Am Wochenende *machten* wir einen Ausflug nach Berlin. Um 10:00 Uhr *waren* wir schon in Berlin. Wir *entschieden* uns für eine Bootsfahrt durch die Stadt. Sie *begann* an der Friedrichstraße und *dauerte* zwei Stunden. Wir *bestellten* uns einen Kaffee und *richteten* uns gemütlich *ein*. Die Fahrt *bot* einen ganz besonderen Blick auf die Stadt. Per Audioguide *erfuhren* wir viel Wissenswertes und Interessantes über Berlin. Wir *sahen* den Reichstag, den Berliner Dom, die Museumsinsel und vieles mehr. Nach zwei Stunden *stiegen* wir aus und *liefen* zu Fuß zum Bahnhof.

1.6

Übung 1
1. hat | 2. habe | 3. habe | 4. habe | 5. sind | 6. ist | 7. sind … ist | 8. haben | 9. hat … ist | 10. hat | 11. ist 12. habe | 13. bist | 14. haben | 15. ist | 16. habe | 17. Hast | 18. habe 19. hat | 20. habt | 21. haben | 22. Hast | 23. hat

Übung 2
1. Der Film *hat* zwei Stunden *gedauert*. | 2. Was *hast* du am Sonntag *gemacht*? | 3. Er *hat* eine Wohnung im Stadtzentrum *gemietet*. | 4. Warum *hast* du mir nichts *gesagt*? | 5. Erna *hat* nicht gern Mathe *gelernt*. | 6. Ich *habe* mehrmals an die Tür *geklopft*, aber niemand *hat geantwortet*.

Übung 3
1. Ich *habe* gestern bis 16 Uhr *gearbeitet*. | 2. Wo *hast* du *geparkt*? | 3. Sie *hat* ein leckeres Essen *gekocht*. | 4. Wo *hast* du kochen *gelernt*? | 5. Helmut *hat* mir die Wahrheit *gesagt*. | 6. Ich *habe* die Wohnung mit zwei anderen Studenten *geteilt*. 7. Wir *haben* uns auf das Kind *gefreut*. | 8. Wir *haben* über seinen Witz *gelacht*. | 9. Endlich *hat* sie auf meinen Brief *geantwortet*.

Übung 4
1. Sie *ist* in den Zug *gestiegen*. | 2. Was *hast* du zum Frühstück *gegessen*? | 3. Es *ist* dunkel *geworden*. | 4. Das *ist* ihm leider nicht *gelungen*. | 5. Der Baum *ist* schnell *gewachsen*. | 6. Ich *habe* meine Jacke *gewaschen*. | 7. Er *hat* Kaffee und ich *habe* Tee *getrunken*. | 8. Er *hat* mich an der Jacke *gezogen*. | 9. Sie *hat* ihre Schulfreundin *getroffen*.

Übung 5
1. protestiert | 2. informiert | 3. interessiert | 4. fotografiert 5. studiert | 6. renoviert | 7. telefoniert | 8. ignoriert | 9. diskutiert

Übung 6
1. hat … abgeholt | 2. Habt … vorbereitet | 3. hat … mitgenommen | 4. ist … abgefahren | 5. hat … abgelehnt | 6. ist … ausgezogen | 7. hat … zurückgegeben | 8. Habt … ausgeschaltet | 9. sind … zurückgekommen

Übung 7
1. hat … erzählt | 2. hat … überholt | 3. verspätet hat, hat … verpasst | 4. habe … erfahren | 5. hat … gehört | 6. habe … bezahlt | 7. hat … zerstört | 8. hat … beantwortet | 9. hat … bestanden … hat … wiederholt

Übung 8
1. bist … gekommen | 2. ist passiert | 3. haben … übernachtet | 4. haben … abgeschrieben | 5. habe … überwiesen | 6. hat ausgeschlafen | 7. ist … ausgefallen | 8. ist … verschwunden | 9. hat … untersucht | 10. hat … vorgelesen | 11. hat … gefallen | 12. hat … korrigiert | 13. hat … angefangen | 14. hat … entfernt

1.7

Übung 1
1. hatten | 2. hatte | 3. war | 4. hatte | 5. hatte | 6. war | 7. hatten | 8. hatte

Übung 2
1. gekauft hatte | 2. gerechnet hatte | 3. gelernt hattest | 4. beantragt hatte | 5. waren … gefahren | 6. empfohlen

hatte | 7. verbracht hatte | 8. gekommen war | 9. hatte ... getrunken | 10. hatte ... beendet | 11. hatte ... gebracht | 12. gewartet hatte

Übung 3
1. Nachdem er Kaffee getrunken hatte, ging er zur Arbeit. | 2. Als ich das Frühstück beendet hatte, bekam ich die Nachricht von meinem Kollegen. | 3. Wir hatten gerade den Tisch gedeckt, da kamen die Gäste auch schon. | 4. Bevor er am Marathon teilnahm, hatte er lange trainiert. | 5. Nachdem wir durch die Stadt gelaufen waren, hatten wir Hunger. | 6. Bevor er nach Brandenburg fuhr, hatte er getankt. | 7. Nachdem wir gegessen hatten, bezahlte er. | 8. Nachdem sie das Studium absolviert hatte, suchte sie eine Arbeit. | 9. Nachdem Familie Schulz nach Berlin gezogen war, benutzten sie nur selten ihr Auto. | 10. Bevor er sich entschuldigte, hatten sie zwei Tage nicht miteinander geredet. | 11. Nachdem er sich entschuldigt hatte, war alles wieder gut. | 12. Bevor ich zum Flughafen fuhr, hatte ich meinen Pass gesucht.

Übung 4
1. Nachdem sie aufgestanden war, hat sie geduscht. | 2. Nachdem sie geduscht hatte, ist sie mit dem Hund spazieren gegangen. / Bevor sie mit dem Hund spazieren gegangen ist, hatte sie geduscht. | 3. Nachdem sie mit dem Hund spazieren gegangen war, hat sie die Kinder geweckt. / Bevor sie die Kinder geweckt hat, war sie mit dem Hund spazieren gegangen. | 4. Nachdem sie die Kinder geweckt hatte, hat sie das Frühstück zubereitet. / Bevor sie das Fühstück zubereitet hat, hatte sie die Kinder geweckt. | 5. Nachdem sie (Pl.) gefrühstückt hatten, hat sie die Kinder zur Schule gebracht. / Bevor sie die Kinder zur Schule gebracht hat, hatten sie (Pl.) gefrühstückt. | 6. Nachdem sie die Kinder zur Schule gebracht hatte, ist sie einkaufen gegangen. / Bevor sie einkaufen gegengen ist, hatte sie die Kinder zur Schule gebracht. | 7. Nachdem sie eingekauft hatte, hat sie die Wohnung aufgeräumt. / Bevor sie die Wohnung aufgeräumt hat, hatte sie eingekauft. | 8. Nachdem sie die Wohnung aufgeräumt hatte, hat sie das Mittagessen zubereitet. / Bevor sie das Mittagessen zubereitet hat, hatte sie die Wohnung aufgeräumt. | 9. Nachdem sie das Mittagessen zubereitet hatte, hat sie die Kinder abgeholt. / Bevor sie die Kinder abgeholt hat, hatte sie das Mittagessen zubereitet. | 10. Nachdem sie die Kinder abgeholt hatte, haben sie (Pl.) zu Mittag gegessen. / Bevor sie (Pl.) zu Mittag gegessen haben, hatte sie die Kinder abgeholt. | 11. Nachdem sie (Pl.) zu Mittag gegessen hatten, hat sie die Küche aufgeräumt. / Bevor sie die Küche aufgeräumt hat, hatten sie (Pl.) zu Mittag gegessen. | 12. Nachdem sie die Küche aufgeräumt hatte, hat sie den Kindern bei den Hausaufgaben geholfen. / Bevor sie den Kindern bei den Hausaufgaben geholfen hat, hatte sie die Küche aufgeräumt. | 13. Nachdem sie den Kindern bei den Hausaufgaben geholfen hatte, hat sie mit der Freundin telefoniert. / Bevor sie mit der Freundin telefoniert hat, hatte sie den Kindern bei den Hausaufgaben geholfen. | 14. Nachdem sie mit der Freundin telefoniert hatte, ist sie mit dem Hund spazieren gegangen. / Bevor sie mit dem Hund spazieren gegangen ist, hatte sie mit der Freundin telefoniert. | 15. Nachdem sie mit dem Hund spazieren gegangen war, hat sie das Abendessen zubereitet. / Bevor sie das Abendessen zubereitet hat, war sie mit dem Hund spazieren gegangen. | 16. Nachdem sie das Abendessen zubereitet hatte, haben sie und ihre Kinder gegessen. / Bevor sie und ihre Kinder gegessen haben, hatte sie das Abendessen zubereitet.

1.8

Übung 1
1. Die Tür wird geöffnet. | 2. Hier wird eine Schule gebaut. | 3. In Deutschland wird viel Bier getrunken. | 4. Die Blumen werden jeden Tag gegossen. | 5. Die Fahrscheine werden kontrolliert. | 6. Im Stadtzentrum werden viele Souvenirs verkauft. | 7. Werden in Deutschland Autos produziert? | 8. In China wird gern Reis gegessen.

Übung 2
1. Die Kinder werden morgens von der Mutter geweckt. | 2. Die Kinder werden von der Mutter in die Schule gebracht. | 3. Die Kinder werden vom Vater von der Schule abgeholt. | 4. Die Lebensmittel werden vom Vater gekauft. | 5. Das Kinderzimmer wird von den Kindern aufgeräumt. | 6. Die Hausaufgaben werden von den Kindern gemacht. | 7. Die Blumen werden von den Kindern gegossen. | 8. Das Abendessen wird von der Mutter zubereitet. | 9. Die Küche wird von der Mutter aufgeräumt. | 10. Die Kinder werden vom Vater ins Bett gebracht.

Übung 3
1. Der Vertrag ist von ihnen unterschrieben worden. | 2. Die Tür wurde geschlossen. | 3. In unserer Straße wurde ein neues Geschäft eröffnet. | 4. Er wird von dem/vom Verkäufer begrüßt. | 5. Das Haus ist von meinem Großvater gebaut worden. | 6. Die Bücher werden von Linda zurückgebracht. | 7. Ich bin angerufen worden. | 8. Er war vom Chef gelobt worden. | 9. Dieses Buch ist von den Kindern oft gelesen worden. | 10. Eine neue Straße wird von ihnen gebaut werden.

Übung 4
1. Man muss den Brief beantworten. | 2. Man konnte das Auto nicht waschen. | 3. In der Bibliothek darf man nicht laut sprechen. | 4. Man hatte den Tisch reservieren müssen. | 5. Mein Freund wird das Buch abholen müssen. | 6. Ich konnte das Telefon nicht reparieren. | 7. Man sollte die Tabletten vor dem Essen einnehmen.

Übung 5
1. Das Kind muss vom Arzt untersucht werden. | 2. Diese Aufgabe kann am Montag gemacht werden. | 3. Die Dokumente dürfen nicht vergessen werden. | 4. Gestern musste die Präsentation vorbereitet werden. | 5. Die Jacke wird (von mir) nicht gekauft werden können. | 6. Im Restaurant darf nicht geraucht werden. | 7. Der Computer konnte wieder benutzt werden. | 8. Die Schule hat renoviert werden müssen. 9. Die Frage kann von der Sekretärin nicht beantwortet werden. | 10. Die Wäsche musste (von ihr) gebügelt werden. 11. Der Patient muss heute (vom Arzt) noch operiert werden. | 12. Hier darf nicht links abgebogen werden. | 13. Der Kunde musste (vom Verkäufer) überzeugt werden. 14. Auf einer Baustelle darf nicht gespielt werden. | 15. Monikas Katze musste zweimal pro Tag gefüttert werden. 16. Die Information soll (von mir) weitergeleitet werden. | 17. Die Entscheidung konnte (von uns) schnell getroffen werden. | 18. Eine neue Arbeit muss (von mir) gesucht werden.

1.9

Übung 1
1. kann | 2. musst | 3. Darf | 4. sollt | 5. wollen | 6. mögen | 7. möchte | 8. wollen | 9. kann | 10. will

Übung 2
1. möchten/wollen/können/dürfen | 2. möchte/will | 3. muss | 4. kann | 5. möchte | 6. kann | 7. möchtest | 8. darf | 9. kann | 10. soll | 11. kann | 12. willst/möchtest, musst 13. darf | 14. muss | 15. können | 16. darf | 17. muss | 18. kann

Übung 3
1. Wolltet | 2. musste | 3. wollte | 4. konntet | 5. konnte 6. mussten | 7. durften | 8. durfte/konnte | 9. wollten 10. durften | 11. musste/sollte ... durfte | 12. konnte | 13. durftest/konntest/mochtest | 14. konnte | 15. wollte | 16. Konntest | 17. konnte | 18. musste

Übung 4
1. konnte | 2. musste/mussten | 3. konnte | 4. musste | 5. wollte | 6. konnte | 7. muss | 8. wollte | 9. musste | 10. konnte | 11. darf/kann | 12. Kannst | 13. konnte ... musste | 14. durfte/konnte | 15. will/möchte/mag | 16. musste ... konnte | 17. muss | 18. wollte | 19. Dürfen/Können | 20. muss | 21. Soll | 22. können | 23. konnten | 24. wollte | 25. Musst | 26. solltest/musst | 27. Können | 28. Könnt/Wollt/Möchtet 29. soll/muss | 30. mussten | 31. möchte/will | 32. konnte | 33. muss ... möchte/will | 34. kannst

1.10

Übung 1
1. sich | 2. uns | 3. mich | 4. dich | 5. euch | 6. sich | 7. dich | 8. dich | 9. sich | 10. mich | 11. sich | 12. uns | 13. euch | 14. sich | 15. sich | 16. sich | 17. euch | 18. sich | 19. uns | 20. sich | 21. sich

Übung 2
1. mir | 2. dir | 3. mir | 4. dir | 5. dir | 6. dir | 7. mir | 8. dir 9. mir

Übung 3
1. mich/mir | 2. dich/dir | 3. mich/mir | 4. dich/dir | 5. dich/dir ... dich/dir | 6. mich/mir | 7. dich/dir | 8. mich/mir 9. mich/mir | 10. dich/dir | 11. mich/mir | 12. mich/mir | 13. dich/dir | 14. mich/mir | 15. mich/mir

Übung 4
1. mich ... dich | 2. mir ... dir | 3. mich ... dich | 4. mir ... dir 5. mich ... dich | 6. mir ... dir | 7. mich ... dich | 8. mir ... dir 9. mich ... dich | 10. mir ... mir

1.11

Übung 1
1. gelassen | 2. lassen (gelassen) | 3. lassen | 4. gelassen | 5. lassen | 6. lassen (gelassen) | 7. gelassen | 8. lassen

Übung 2
1. Ich lasse meine Mutter mein Zimmer aufräumen. | 2. Er lässt seine Wohnung renovieren. | 3. Wir lassen unsere Kinder das Geschirr abwaschen. | 4. Er lässt sich die Haare schneiden. | 5. Ihr lasst den Elektriker die Lampen montieren. | 6. Meine Freundin lässt ihren Hund untersuchen. | 7. Paul lässt sich für den Reisepass fotografieren. | 8. Frida lässt ihren Mann die Reifen wechseln. | 9. Ich lasse meinen Freund mein Fahrrad reparieren. | 10. Wir lassen unsere Katze impfen. | 11. Jan lässt sein Visum verlängern. | 12. Familie Schmidt lässt sich oft Essen liefern.

Übung 3
1. lässt | 2. lassen | 3. lässt | 4. lassen | 5. lasse | 6. lässt | 7. lassen | 8. lasse

Übung 4
1. machen | 2. wechseln | 3. fliegen | 4. packen | 5. setzen | 6. bleiben

Übung 5
1. entfernen | 2. öffnen | 3. kochen | 4. lernen | 5. merken | 6. aufklären | 7. lösen | 8. beantworten

Übung 6
1. B | 2. A | 3. E | 4. B | 5. C | 6. D | 7. F | 8. B | 9. A

Übung 7
1. Karsten ließ sich operieren. / Karsten hat sich operieren lassen. | 2. Meine Oma ließ mich den Rasen mähen. / Meine Oma hat mich den Rasen mähen lassen. | 3. Das ließ sich sehr einfach erklären. / Das hat sich sehr einfach erklären lassen. | 4. Wir ließen die Kinder nicht alleine. / Wir haben die Kinder nicht alleine gelassen. | 5. Du ließest mich nicht in Ruhe lesen. / Du hast mich nicht in Ruhe lesen lassen. | 6. Sie ließ die Tür offen. / Sie hat die Tür offen gelassen. | 7. Ihr ließt euch nicht helfen. / Ihr habt euch nicht helfen lassen. | 8. Der Text ließ sich leicht übersetzen. / Der Text hat sich leicht übersetzen lassen. | 9. Ich ließ mir den Rücken massieren. / Ich habe mir den Rücken massieren lassen.

1.12

Übung
1. weiß | 2. Kennst | 3. wissen | 4. gewusst | 5. kennt | 6. Wisst | 7. gekannt ... weiß | 8. Weißt | 9. gekannt | 10. Weißt ... weiß | 11. kenne | 12. weiß | 13. kenne | 14. weiß 15. kenne | 16. Weißt/Wusstest | 17. wusste | 18. gewusst | 19. kennen | 20. wissen ... kennen | 21. weißt 22. kennen | 23. weiß | 24. kenne ... weiß

1.13

Übung 1
1. wäre | 2. wäre | 3. wäre | 4. wären | 5. Wär(e)st | 6 wäre 7. wäre

Übung 2
1. hätte | 2. hätte | 3. hätte | 4. hätten | 5. hätte/hätten | 6. hätte | 7. Hättest

Übung 3
1. würde | 2. würde | 3. würdest | 4. würden | 5. Würdet | 6. würde | 7. würde

Übung 4
1. hätte | 2. würde | 3. wären | 4. würde | 5. würde | 6. wär(e)st | 7. hätte | 8. würde | 9. hätte/hätten | 10. wäre | 11. würde | 12. Hättest | 13. würden | 14. würdest | 15. wäre

Übung 5
1. Wenn du lauter sprechen würdest, würde ich dich besser verstehen. | 2. Wenn es nicht so spät wäre, könnten wir eine Tasse Tee trinken. | 3. Wenn du schneller arbeiten würdest, wärest du bereits fertig. | 4. Wenn das Wetter besser wäre, würde ich spazieren gehen. | 5. Wenn ich Chef wäre, müsste ich viel arbeiten. | 6. Wenn der Zug pünktlich wäre, würde Vera nicht so spät zur Arbeit kommen. | 7. Wenn heute Sonntag wäre, würde ich lange schlafen. | 8. Wenn Maria Zahnschmerzen hätte, würde sie zum Zahnarzt gehen. | 9. Wenn ich eine Arbeit in Berlin finden würde, würde ich nach Berlin umziehen. | 10. Wenn ich Freunde hätte, wäre mein Leben schöner. | 11. Wenn ich Bürgermeister wäre, würde ich mehr Kindergärten bauen lassen. | 12. Wenn du früher aufstehen würdest, würdest du mehr schaffen. | 13. Wenn ihr mehr miteinander reden würdet, würdet ihr euch besser verstehen.

Übung 6
1. solltest | 2. müsste | 3. wollte ... könnte | 4. müsste | 5. dürftest | 6. könnte | 7. solltest | 8. müsste | 9. müsste ... müsste | 10. könntest

Übung 7
1. Wenn Peter gute Noten hätte, dürfte er ins Kino gehen. | 2. Wenn es regnen würde, wäre die Wiese nicht ausgetrocknet. | 3. Wenn ich im Lotto gewinnen würde, würde ich eine Weltreise machen. | 4. Wenn ich eine schöne Stimme hätte, würde ich für euch singen. | 5. Wenn wir einen Hund hätten, müssten wir mit ihm jeden Tag rausgehen. | 6. Wenn er weniger arbeiten würde, hätte er mehr Zeit für seine Hobbys. | 7. Wenn du Zeit hättest, könnten wir uns treffen. | 8. Wenn er mich anrufen würde, wäre ich glücklich. | 9. Wenn sie eine Diät machen würde, würde sie abnehmen. | 10. Wenn es nicht zu weit wäre, würde ich mitfahren. | 11. Wenn sie Sport machen würde, wäre sie fit. | 12. Wenn ich dich nicht hätte, wäre ich verloren.

Übung 8
1. hättet … wäre | 2. wäre … wäre | 3. Hätten … hätten | 4. hättet … wäre | 5. hätte … hätte | 6. hätte | 7. wären … hätten | 8. hätte | 9. wäre … hätte | 10. hätte(n) … hätte(n) 11. hätte | 12. wäre … hätte | 13. hätte … wäre

1.14

Übung 1
1. aussehenden | 2. wohnenden | 3. sprechende | 4. spielenden 5. suchende | 6. wartende | 7. bellenden | 8. schlafende | 9. protestierenden | 10. laufendem | 11. singenden | 12. wachsenden | 13. sitzende | 14. passendes | 15. arbeitenden | 16. beruhigende | 17. steigende | 18. fliegenden | 19. lebender

Übung 2
1. Das weinende Kind lässt sich nicht beruhigen. | 2. Der telefonierende Mann trinkt einen Kaffee. | 3. Das singende Mädchen putzt das Fenster. | 4. Das gut riechende Parfüm ist nicht teuer. | 5. Der pfeifende Mechaniker repariert mein Auto. | 6. Der sprechende Papagei sitzt im Käfig. | 7. Das schreiende Kind liegt im Bett.

Übung 3
1. gelernten | 2. unterschriebenen | 3. vergessene | 4. verlorene | 5. renovierte | 6. operierte | 7. geöffnete 8. gebügelten | 9. zerbrochene | 10. gewaschenen | 11. gebrauchtes | 12. gestohlenen | 13. erzogenes | 14. gebauten | 15. gekämmten … gebügelten 1| 6. gestrickte 17. betrogene | 18. veröffentlichte | 19. gestiegenen | 20. verlorenen | 21. abgelehnten | 22. empfohlenen | 23. eingeladenen | 24. bestellten | 25. überprüfte

2.1

Übung
1. Nach der | 2. mit | 3. aus dem | 4. bei ihrer | 5. seit | 6. Mit der | 7. aus dem | 8. mit | 9. bei seinen | 10. mit dem | 11. Ab | 12. beim | 13. zum | 14. von einem/meinem | 15. von dem/vom | 16. Bei dem | 17. in | 18. von meiner | 19. mit dem | 20. aus dem | 21. Nach dem | 22. vom | 23. aus der | 24. zum | 25. Aus | 26. bei der | 27. Nach der | 28. beim | 29. aus dem | 30. von meiner/deiner/… | 31. aus der | 32. zu deiner

2.2

Übung
1. durch den | 2. ohne | 3. für das | 4. gegen einen/den | 5. ohne seine | 6. Bis | 7. gegen | 8. durch das | 9. für die/deine | 10. um die | 11. gegen die | 12. für das | 13. gegen | 14. für die/meine/… | 15. ohne ihre | 16. um die | 17. bis | 18. ohne | 19. für eine | 20. bis | 21. Ohne deine | 22. um seine | 23. für | 24. ohne | 25. um den | 26. durch die | 27. ohne | 28. gegen diese/meine/… | 29. für den | 30. durch einen | 31. gegen die | 32. bis

2.3

Übung 1
1. dem | 2. dem | 3. der | 4. der | 5. dem (im) | 6. dem | 7. den | 8. der | 9. dem (im) | 10. der

Übung 2
1. den | 2. die | 3. das | 4. die | 5. die | 6. das (ins) | 7. die | 8. den | 9. den | 10. das (ins)

Übung 3

	wo?	wohin?		wo?	wohin?		wo?	wohin?
1.	dem	den	4.	der	den	7.	den	die
2.	dem	den	5.	der	den			
3.	der	die	6.	dem	das			

Übung 4
1. Wohin bringt Artur die Tasse? | 2. Wo ist der Kugelschreiber? 3. Wo liegt der Hund? | 4. Wohin setzt sich der Mann? | 5. Wo steht das Sofa? | 6. Wo wohnen Sie? / Wo wohnt ihr?

Übung 5
1. Im Bad. | 2. In meiner Tasche. | 3. In unserem Garten. | 4. Auf den Tisch. | 5. In den Park und ins Kino. | 6. Vor/An/Neben der Tafel. | 7. In die Ecke. | 8. In das (ins) Lehrerzimmer.

Übung 6
1. in der/einer | 2. im | 3. zum/auf den | 4. in einem … im | 5. in den … in der | 6. im … an der | 7. auf dem … in der | 8. in die | 9. an die | 10. auf den | 11. ins | 12. unter dem | 13. auf dem | 14. im | 15. auf dem … neben dem| 16. in der | 17. an die … im | 18. in die/eine | 19. am | 20. auf einer … im | 21. in der … auf dem | 22. in den | 23. in der | 24. an die | 25. in der | 26. in die | 27. ans | 28. an der

2.4

Übung 1
1. des | 2. der | 3. der | 4. einer | 5. der | 6. der | 7. des

Übung 2
1. Trotz | 2. Während | 3. außerhalb | 4. innerhalb | 5. während | 6. Aufgrund/Wegen | 7. Während | 8. wegen | 9. trotz | 10. Aufgrund/Wegen | 11. innerhalb | 12. außerhalb | 13. Aufgrund/Wegen | 14. bezüglich | 15. Trotz | 16. innerhalb 17. aufgrund | 18. während | 19. außerhalb | 20. Trotz | 21. bezüglich | 22. Aufgrund/Wegen | 23. Trotz

2.5

Übung 1
1. meines | 2. des | 3. des | 4. der | 5. meiner | 6. des | 7. meines | 8. der | 9. unserer

Übung 2
1. des | 2. meiner | 3. des | 4. des/meines | 5. des | 6. der | 7. des/meines/… | 8. der/meiner/… | 9. meiner | 10. der/einer | 11. des/meines/… | 12. meiner/unserer | 13. des/meines/… | 14. des

Übung 3
1. das Auto meines Vaters | 2. die Tasche meiner Tante | 3. die Farbe der Wand | 4. der Moderator der Sendung | 5. der

Autor des Buches | 6. das Ergebnis der Prüfung | 7. der Preis des Kleides | 8. die Taschen der Jacke | 9. die Stimme der Frau | 10. die Haare des Mannes | 11. die Lösung des Problems | 12. die Ähnlichkeit der Bilder | 13. die Öffnungszeiten des Ladens | 14. die Meinung eines Zuschauers

Übung 4
1. Wir treffen uns im Haus *meines* Freundes. | 2. Ich kaufe das Tablet *der* Firma Samsung. | 3. Die Schuhe *meiner* Kinder stehen im Flur. | 4. Der Kuchen *meiner* Oma ist lecker. | 5. Das Ende *der* Geschichte kenne ich nicht. | 6. Wie ist der Name *des* Jungen?

Übung 5
1. Alinas Klasse | 2. Omas Tasche | 3. Helmuts Brief | 4. Fridas Kind | 5. Maltas Regierung | 6. Utas Bäckerei | 7. Davids Hotel

2.6

Übung 1
1. Mit wem … Darüber | 2. mit … darüber | 3. Wofür … für … dafür | 4. Wofür … Für | 5. Wogegen … gegen 6. Worauf … Auf | 7. davon … davon

Übung 2
1. für … dafür … Wofür … Für … | 2. von … davon … Wovon … Von … | 3. von … davon … Wovon … Von … | 4. an … an sie … An wen … an … | 5. in … in sie … In wen … in … | 6. vor … davor … wovor … vor …

Übung 3
1. A: Worüber ärgerst du dich? B: über | 2. A: Worüber denkst du nach? B: über | 3. A: Mit wem hast du dich getroffen? B: mit | 4. A: Womit beschäftigt er sich? B: mit | 5. A: Mit wem ist sie verheiratet? B: mit | 6. A: Worüber freut sich Peter am meisten? B: über | 7. A: Auf wen achtet sie? B: auf | 8. A: Wofür habt ihr Tim gedankt? B: für | 9. A: Über wen beschwert er sich? B: über | 10. A: Wovor ekelst du dich? B: vor

Übung 4
1. darum | 2. darum | 3. damit | 4. darüber | 5. darüber/davon | 6. daran | 7. damit | 8. dazu | 9. darüber | 10. dazu 11. daran | 12. darauf | 13. darüber | 14. daran | 15. darüber 16. damit | 17. damit | 18. davon | 19. darüber | 20. danach 21. daran | 23. darauf | 24. damit

3.1

Übung 1
1. groß … große | 2. klein … kleinen | 3. groß … große | 4. dick … dicken | 5. groß … große | 6. weiß … weißes | 7. schwarz … schwarze | 8. schwarz … schwarze | 9. kurz … kurze

Übung 2
1. -e … -e | 2. -en … -en | 3. -e …-en | 4. -e … -e | 5. -e … -en | 6. -e … -e … -en | 7. -e … -e | 8. -e … -en | 9. -e … -en | 10. -e … -en | 11. -en … -e | 12. -e … -en | 13. -e … -en | 14. -e … -en

Übung 3
1. Das … -e … die … -e | 2. Das … -e … der … -en | 3. Die … -e … das … -e | 4. Die … -e … dem … -en | 5. Die … -e … dem … -en | 6. Die … -en … der … -en | 7. Der … -e … die … -e | 8. Die … -en … die … -e | 9. -e … -en … der … -en | 10. -es … -e … das … -e | 11. Die … -en … den … -en

Übung 4
1. -e … -e | 2. -er … -en | 3. -en … -en | 4. -en … -en | 5. – … -er | 6. – … -es | 7. – … -er … -e … -e | 8. -em … -en | 9. – … -es … – … -es … – | 10. -em … -en | 11. -e… -e | 12. -en … -en | 13. – … -es … -em …-en | 14. -en … -en … -em … -en | 15. -e | 16. -e … -e … -e … -e

Übung 5
1. -em … -en … -e … -en | 2. -e … -e … -em … -en | 3. -en … -en | 4. -en … -e | 5. -er … -en | 6. -en | 7. den … -en | 8. Die … -en … – … -es … -em … -en | 9. Den … das … -e … | 10. -e | 11. Das … -e … -en … -en | 12. Das … -e … die … -e | 13. -er … -er … -e … -e … -e … -e | 14. -er … -e/-en | 15. -en … -en | 16. -e … die … -en | 17. – … -er … – … -er | 18. -e | 19. -en … – … -es | 20. -es | 21. -en … -e … -e | 22. Den … -en … dem … -en | 23. -es … -em … -en | 24. -e … -en … – … -er | 25. der … -en … die … -e … – | 26. -e … -en … -en/-em … -en | 27. -em … -en … -er … -en | 28. die … -e … – | 29. -en … -en … -e … -e | 30. -e … -e … -em | 31. – … -er … -e … -en | 32. -e … der … -en | 33. des … -en | 34. Der … -e … -e … -e … -e | 35. – … -es … -en … -en

3.2

Übung 1
langsam – langsamer – am langsamsten | lustig – lustiger – am lustigsten | hell – heller – am hellsten | wenig – weniger – am wenigsten | bequem – bequemer – am bequemsten | schön – schöner – am schönsten | jung – jünger – am jüngsten | reich – reicher – am reichsten | dumm – dümmer – am dümmsten | warm – wärmer – am wärmsten | ruhig – ruhiger – am ruhigsten | weit – weiter – am weitesten | *gut – besser – am besten | *viel – mehr – am meisten | *nah – näher – am nächsten | *hoch – höher – am höchsten *gern – lieber – am liebsten

Übung 2
1. Frau Lipke hat eine *schöne* Tasche. Frau Muck hat eine *schönere* Tasche als Frau Lipke. Frau Bauer hat die *schönste* Tasche. / Die Tasche von Frau Bauer ist *am schönsten.* | 2. In unserem Garten wachsen *hohe* Bäume. Im Garten von Bernd wachsen *höhere* Bäume als in unserem Garten. Im Garten von Julia wachsen die *höchsten* Bäume. / Die Bäume im Garten von Julia sind *am höchsten.* | 3. Tom hat eine *interessante* Geschichte erzählt. Vera hat eine *interessantere* Geschichte erzählt als Tom. Nura hat die *interessanteste* Geschichte erzählt. / Nuras Geschichte ist *am interessantesten.* | 4. Till hat ein *teures* Auto. Mariana hat ein *teureres* Auto als Till. Christina hat das *teuerste* Auto. / Christinas Auto ist *am teuersten.*

Übung 3
1. Die Katze ist klein. Die Maus ist kleiner als die Katze. Die Ameise ist am kleinsten. | 2. Im Mai ist es warm. Im Juni ist es wärmer als im Mai. Im Juli ist es am wärmsten. | 3. Beate ist klug. Zoe ist klüger als Beate. Maia ist am klügsten. | 4. Das Pferd ist schnell. Das Auto ist schneller als das Pferd. Der Zug ist am schnellsten. | 5. Der Apfel ist süß. Der Zucker ist süßer als der Apfel. Der Honig ist am süßesten. | 6. Der Stuhl ist bequem. Der Sessel ist bequemer als der Stuhl. Das Sofa ist am bequemsten.

Übung 4
1. wie | 2. als | 3. wie | 4. als | 5. als | 6. wie | 7. wie | 8. als 9. als | 10. wie | 11. als | 12. als | 13. wie | 14. wie | 15. als 16. wie | 17. als | 18. wie

Übung 5
1. lieber … am liebsten | 2. kälter | 3. häufiger | 4. jünger … jüngste | 5. besser | 6. spannendste | 7. heißeste | 8. gut | 9. teurer | 10. wohl | 11. längste | 12. viel … am meisten | 13. öfter | 14. am härtesten | 15. spät | 16. mehr | 17. weniger

18. lang | 19. früher | 20. Besser | 21.beste | 22. schönste | 23. weiser | 24. klüger | 25. jüngste | 26. beliebteste | 27. mehr | 28. erfolgreichste | 29. wärmer | 30. gut | 31. bequemer

Übung 6
Beispiel: Inge ist klein. Elena ist größer als Inge. Mark ist am größten. | Mark wiegt viel. Inge wiegt weniger als Mark, aber mehr als Elena. Elena wiegt am wenigsten. | Inge verdient viel. Mark verdient mehr als Inge. Elena verdient am meisten. | Elena arbeitet nicht lange. Inge arbeitet länger als Elena. Mark arbeitet am längsten. | Elena hat so viele Kinder wie Inge. Mark hat mehr Kinder als Inge.

4.1

Übung 1
1. Obwohl es sehr heiß ist, gehen wir nicht baden. | 2. Obwohl Simone krank ist, geht sie zur Arbeit. | 3. Obwohl Frau Walt viel Geld hat, wohnt sie in einer kleinen Wohnung. | 4. Ich esse weiter, obwohl ich schon satt bin. | 5. Ich bin munter, obwohl ich wenig geschlafen habe. | 6. Er findet keine Arbeitsstelle, obwohl er eine gute Ausbildung hat. | 7. Emma kauft sich wieder eine neue Tasche, obwohl sie schon so viele hat.

Übung 2
1. Karla ist erkältet. Trotzdem geht sie zum Konzert. | 2. Die Wohnung ist teuer. Trotzdem will Mark sie mieten. | 3. Anna muss morgens früh aufstehen. Trotzdem sitzt sie abends lange vor dem Fernseher. | 4. Am Wochenende wird es regnen. Trotzdem wollen wir nach Prag fahren. | 5. Die Aufgabe ist langweilig. Trotzdem muss ich sie erledigen. | 6. Die Konzertkarten sind teuer. Trotzdem sind sie ausverkauft. | 7. Das Buch ist für mich nicht interessant. Trotzdem lese ich es zu Ende.

Übung 3
1. Obwohl Paul wenig lernt, hat er gute Noten. / Paul lernt wenig. Trotzdem hat er gute Noten. | 2. Obwohl es regnet, machen wir einen Ausflug. / Es regnet. Trotzdem machen wir einen Ausflug. | 3. Obwohl Milan sehr gut in Mathematik war, studiert er Kunst. / Milan war sehr gut in Mathematik. Trotzdem studiert er Kunst. | 4. Obwohl er eine Schlaftablette genommen hat, kann er nicht einschlafen. / Er hat eine Schlaftablette genommen. Trotzdem kann er nicht einschlafen. | 5. Obwohl sie viel gelernt hat, hat sie die Prüfung nicht bestanden. / Sie hat viel gelernt. Trotzdem hat sie die Prüfung nicht bestanden. | 6. Obwohl Thomas und Linda sich erst seit zwei Monaten kennen, wollen sie bald heiraten. / Thomas und Linda kennen sich erst seit zwei Monaten. Trotzdem wollen sie bald heiraten. | 7. Obwohl mir die Hose gut steht, kaufe ich sie nicht. / Die Hose steht mir gut. Trotzdem kaufe ich sie nicht. | 8. Obwohl ich müde bin, mache ich meine Hausaufgaben. / Ich bin müde. Trotzdem mache ich meine Hausaufgaben. | 9. Obwohl die Jacke nicht teuer ist, will ich sie nicht kaufen. / Die Jacke ist nicht teuer. Trotzdem will ich sie nicht kaufen. | 10. Obwohl Max heute viel Arbeit hat, geht er mit Emma ins Kino. / Max hat heute viel Arbeit. Trotzdem geht er mit Emma ins Kino. | 11. Obwohl du erst seit sechs Monaten Deutsch lernst, verstehst du schon viel. / Du lernst erst seit sechs Monaten Deutsch. Trotzdem verstehst du schon viel. | 12. Obwohl meine Wohnung klein ist, fühle ich mich hier wohl. / Meine Wohnung ist klein. Trotzdem fühle ich mich hier wohl.

4.2

Übung 1
1. Ich kaufe meinem Sohn eine Fahrkarte, damit er zur Schule fahren kann. | 2. Ich helfe Artur beim Renovieren, damit er bald in die neue Wohnung einziehen kann. | 3. Wir fahren am Samstag zum Freizeitpark, damit die Kinder Spaß haben. 4. Ich bin näher zu meiner Arbeit gezogen, damit ich nicht mit dem Zug zur Arbeit fahren muss. | 5. Meine Eltern haben mir Geld geschenkt, damit ich mir etwas Neues kaufen kann. 6. Die Kellner müssen freundlich sein, damit sich die Gäste wohlfühlen. | 7. Du solltest dich beeilen, damit du dich nicht verspätest.

Übung 2
1. Herr Seidel hat angerufen, um einen Termin zu vereinbaren. | 2. Ich mache eine Fortbildung, um mehr zu lernen. | 3. Wir fahren am Wochenende nach Dresden, um uns die Stadt anzuschauen und die Gemäldegalerie zu besuchen. | 4. Frau Bauer geht zur Bank, um Geld abzuheben. | 5. Ich gehe zur Apotheke, um Medikamente zu holen. | 6. Ich nehme ein Taxi, um schneller zur Arbeit zu kommen. | 7. Luisa braucht eine Brille, um Zeitungen zu lesen.

Übung 3
1. Ich bleibe am Wochenende zu Hause, um für die Prüfung zu lernen. | 2. Paul fährt zum Bahnhof, um seine Freundin abzuholen. | 3. Er arbeitet viel, damit seine Familie gut leben kann. | 4. Ich schicke meine Tochter in den Supermarkt, damit sie Brot und Gemüse kauft. | 5. Peter geht zum Sportplatz, um mit seinen Freunden Fußball zu spielen. | 6. Der Vater gibt den Kindern Geld, damit sie sich Eis kaufen. | 7. Ich brauche einen Kuli, um das Formular auszufüllen. | 8. Helene kauft Gemüse, damit Ihre Mutter einen Salat machen kann. | 9. Ich lerne fleißig, um die Prüfung zu schaffen. | 10. Ich spreche langsam, damit mich alle verstehen. | 11. Inge fährt nach England, um Englisch zu lernen. | 12. Ich erzähle Witze, damit meine Freundin wieder gute Laune hat. | 13. Frau Kunz hat ihre Tochter an der Musikschule angemeldet, damit sie Klavier spielen lernt. | 14. Wir gehen heute in die Stadt, um Geschenke zu kaufen. | 15. Wir gehen heute ins Restaurant, um nicht selber zu kochen.

4.3

Übung 1
a) der; dem; dessen; den | b) die; der; die; deren | c) das; das; dessen; dem | d) die; die; deren; denen

Übung 2
1. in dem | 2. deren | 3. in dem | 4. die | 5. die | 6. über den 7. in dem | 8. der | 9. dessen

Übung 3
1. dessen | 2. in dem | 3. die | 4. in dem | 5. der | 6. mit denen | 7. in die | 8. das | 9. für die | 10. mit der | 11. dessen … dessen | 12. der | 13. mit dem | 14. mit der | 15. auf das | 16. von der | 17. auf den | 18. auf dem | 19. den

Übung 4
1. Er kümmert sich um eine Katze, die fünfzehn Jahre alt ist. | 2. Eine Mutter hat sich eine Jacke gekauft, die ihr sehr gut steht. | 3. Ich gehe gern im Park spazieren, in dem ich meinen Mann kennengelernt habe. | 4. Ich arbeite mit einem Kollegen zusammen, der morgens immer Milch trinkt. | 5. Da ist der unfreundliche Kellner, über den ich mich beschwert habe. | 6. Ich habe den Brief bekommen, auf den ich lange gewartet habe. | 7. Max fährt mit einem Auto, das er nicht toll findet. | 8. Birgit hat eine Nachricht bekommen, von der sie nicht begeistert ist. | 9. Da kommt der Techniker, mit dem ich telefoniert habe. | 10. Das ist Herr Müller, von dem ich dir erzählt habe. | 11. Das Auto gehört unseren Nachbarn, deren Kinder so unmöglich sind. | 12. Ich wurde von der Firma „RILS“ angerufen, bei der ich mich beworben hatte. | 13. Ich kenne nicht viele Menschen, auf die ich mich verlassen kann.

Übung 5. Zum Beispiel:
1. Gestern habe ich einen Film gesehen, der sehr interessant war. | 2. Klaus hat eine Schwester, die im Krankenhaus arbeitet. | 3. Das ist der Zug, mit dem du nach Berlin fahren kannst. | 4. Ich arbeite im Büro, das im 2. Stock liegt. | 5. Wie hat dir das Essen geschmeckt, das du bestellt hast? | 6. Ich treffe mich oft mit meiner Freundin, von der ich dir erzählt habe. | 7. Danke für die Postkarte, die du mir geschickt hast. | 8. Erinnerst du dich an Marta, in die ich mal verliebt war?

4.4

Übung
1. wenn | 2. Als | 3. Als | 4. als | 5. als | 6. Wenn | 7. als | 8. Als | 9. Als | 10. wenn | 11. Wenn | 12. als | 13. als | 14. wenn | 15. wenn | 16. Als | 17. wenn | 18. Als | 19. als | 20. wenn | 21. Wenn | 22. Wenn | 23. Als | 24. Wenn

4.5

Übung 1
1 – E | 2 – G | 3 – A | 4 – F | 5 – C | 6 – D | 7 – B

Übung 2
1. Ich freue mich, weil ich die Prüfung bestanden habe. | 2. Wir bleiben heute zu Hause, weil es regnet. | 3. Wir brauchen eine neue Wohnung, weil unsere Wohnung zu klein für uns ist. | 4. Ich muss heute einkaufen, weil mein Kühlschrank leer ist. | 5. Mein Freund spart Geld, weil er ein Auto kaufen möchte. | 6. Ich komme heute später ins Büro, weil ich den Zug verpasst habe. | 7. Wir können uns nur abends treffen, weil ich bis 18 Uhr arbeite. | 8. Mark wohnt jetzt in Berlin, weil er dort studiert. | 9. Wir gehen durch den Park, weil dieser Weg kürzer ist. | 10. Ich muss Mehl kaufen, weil ich morgen einen Kuchen backen will.

Übung 3
1. Ich gehe heute früher ins Bett, weil ich müde bin. | 2. Ella ist glücklich, weil sie eine kleine Schwester bekommen hat. 3. Ich gratuliere meiner Freundin, weil sie Geburtstag hat. 4. Frida trägt oft dieses Kleid, weil sie es schön findet. | 5. Ich kaufe Gemüse auf dem Markt, weil es dort frisch ist. |6. Luisa geht nicht ins Kino, weil sie lernen muss. | 7. Das Kind isst nicht, weil es keinen Hunger hat. | 8. Er geht zu Fuß, weil sein Fahrrad kaputt ist.

Übung 4. Zum Beispiel:
1. Sabine kommt heute spät nach Hause, weil sie länger arbeiten muss. | 2. Mein Bruder lernt Englisch, weil er in den USA studieren will. | 3. Ich fahre nach Berlin, weil ich dort ein Vorstellungsgespräch habe. | 4. Du musst morgen früh aufstehen, weil du einen Termin hast. | 5. Ich will den Film nicht sehen, weil er zu lang ist. | 6. Ich kann dir im Garten nicht helfen, weil ich keine Zeit habe. | 7. Lora macht eine Diät, weil sie abnehmen möchte. | 8. Ich mag Thomas, weil er witzig ist. | 9. Wir fahren nicht nach Italien, weil meine Frau es nicht möchte. | 10. Ich kann nicht schwimmen, weil ich es nie gelernt habe. | 11. Leon fliegt nach Paris, weil er diese Stadt sehr mag. | 12. Ben geht zum Chef, weil er mit ihm sprechen möchte. | 13. Ich mag Luisa, weil sie nett ist. | 14. Du solltest mehr schlafen, weil es gut für deine Gesundheit ist.

4.6

Übung 1
1 – D | 2 – J | 3 – F | 4 – G | 5 – I | 6 – A | 7 – B | 8 – C | 9 – E | 10 - H

Übung 2
1. Sie war überrascht, meinen Brief zu bekommen. | 2. Ich habe vor, am Wochenende nach Berlin zu fahren. | 3. Sie glaubt, die Beste in der Klasse zu sein. | 4. Meine Freundin hat mich überredet, mir den teuren Mantel zu kaufen. | 5. Hast du Lust, mit uns Fußball zu spielen? | 6. Es ist möglich, die Prüfung zu bestehen. | 7. Der Arzt hat beschlossen, den Patienten zu operieren. | 8. Frau Benz erlaubt ihrem Sohn nicht, viele Süßigkeiten zu essen. | 9. Ich träume davon, im Herbst nach Spanien zu fliegen. | 10. Es ist nicht meine Aufgabe, die Blumen zu gießen.

Übung 3
1. Ich hoffe, schnell fertig zu werden. | 2. Sie ist froh, in die Disko gehen zu dürfen. | 3. Du hast versprochen, mich anzurufen. | 4. Ich bin glücklich, meinen Ausweis wiederzuhaben. | 5. Ich rate dir, mehr zu lernen. | 6. Der Lehrer erlaubt dem Schüler, früher nach Hause zu gehen. | 7. Ich freue mich, Sie wiederzusehen. | 8. Er hat entschieden, eine Ausbildung zu machen. | 9. Ich schlage vor, heute ins Kino zu gehen. | 10. Ich finde es super, mit meinen Freunden in Urlaub zu fahren. | 11. Er gibt sich Mühe, ein guter Lehrer zu sein. | 12. Die Sekretärin bittet Frau Ullrich, im Empfangsraum zu warten.

Übung 4
1. Vera hat angefangen, Arabisch zu lernen. | 2. Es ist unmöglich, alles zu wissen. | 3. Max hat keine Zeit, einkaufen zu gehen. | 4. Es macht mir Spaß, Rad zu fahren. | 5. Ich traue mich nicht, ihn anzusprechen. | 6. Diana hat Angst, ihre Arbeit zu verlieren. | 7. Anna hat (es) vor, nach Potsdam umzuziehen. | 8. Niko gibt sich Mühe, pünktlich zu sein. | 9. Ich habe heute keine Lust, ins Kino zu gehen. | 10. Ich bitte dich, höflich zu sein. | 11. Hast du nicht gelernt, erst zu klopfen und nicht gleich reinzukommen? | 12. Jeder wünscht sich, von anderen Menschen respektiert zu werden. | 13. Der Chef verlangt von uns, den Bericht am Montag abzugeben.

Übung 5. Zum Beispiel:
1. Du hast versprochen, mir zu helfen. | 2. Wir haben geplant, am Wochenende nach Köln zu fahren. | 3. Er weigert sich, meine Fragen zu beantworten. | 4. Es ist notwendig, die Reise im Voraus zu planen. | 5. Ich habe vergessen, das Buch mitzunehmen. | 6. Der Arzt hat mir empfohlen, mehr Wasser zu trinken. | 7. Ich helfe dir, die Wohnung aufzuräumen. | 8. Vergiss nicht, das Licht auszuschalten. 9. Hast du Lust, am Wochenende baden zu gehen? | 10. Sie bittet mich, sie anzurufen. | 11. Maria freut sich, ihre Freundin wiederzusehen. | 12. Er traut sich nicht, Fragen zu stellen. | 13. Es ist schön, gute Freunde zu haben. | 14. Wir haben uns entschieden, eine Wohnung zu mieten. | 15. Unsere Firma hat den Auftrag bekommen, die Wohnung zu renovieren. | 16. Ich brenne nicht darauf, mit Inge in einem Büro zu arbeiten. | 17. Mein Vater erlaubt mir nicht, seinen Computer zu benutzen. | 18. Hör bitte auf, mich zu ärgern. | 19. Es ist langweilig, alleine zu Hause zu sitzen. | 20. Ich habe versucht, mein Fahrrad zu reparieren.

4.7

Übung 1
1. Ich habe keine Ahnung, wann der nächste Deutschkurs beginnt. | 2. Ich kann dir nicht sagen, warum Linda traurig ist. | 3. Sie hat nicht gesagt, wann Petra Geburtstag hat. | 4. Ich habe vergessen, wer mir diese Geschichte erzählt hat. | 5. Ich weiß noch nicht, wann ich zurückkomme. | 6. Ich würde auch gern wissen, warum er noch nicht da ist. | 7. Ich weiß nicht, wie viele Leute zum Fest kommen.

Übung 2
1. Ich bin nicht sicher, ob ich am Samstag frei habe. | 2. Ich weiß nicht, ob Diana zu meiner Party kommt. | 3. Es gibt noch keine Information, ob der Zug Verspätung hat. | 4. Keiner weiß, ob es diese Woche noch regnet. | 5. Frag mich nicht, ob du dich bei Alina entschuldigen musst. | 6. Sie hat nie gesagt, ob sie Englisch sprechen kann. | 7. Ich habe vergessen, ob ich das Hotel gebucht habe.

Übung 3
1. Könnte mir jemand sagen, ob der Unterricht stattfindet? | 2. Ich würde gern wissen, ob du mitkommst. | 3. Könnten Sie mir bitte sagen, ob ich das Buch kaufen soll? | 4. Sag bitte, ob du gern Bananen isst. | 5. Weiß jemand, ob der Platz noch frei ist? | 6. Ich möchte wissen, ob der Zug schon losgefahren ist.

Übung 4
1. Wissen Sie, wie lange das Geschäft geöffnet hat? | 2. Könntest du mir verraten, was Melissa gern isst? | 3. Ich würde gern wissen, was er über mich denkt. | 4. Könntest du mir sagen, ob du morgen pünktlich da bist? | 5. Darf ich Sie fragen, wie alt Sie sind? | 6. Weißt du vielleicht, ob man mit dem Auto hinfahren kann? | 7. Wissen Sie, wie spät es ist? | 8. Kannst du mir erklären, warum du dich so ärgerst? | 9. Sag bitte, ob du einverstanden bist. | 10. Könnten Sie mir bitte mitteilen, wann der neue Kurs beginnt? | 11. Könnten Sie mir bitte sagen, wann der Zug ankommt? | 12. Würden Sie mir bitte zeigen, worauf ich achten soll?

4.8

Übung
1. Sie leiht es ihr. | 2. Er kann sie dir geben. | 3. Sie liest es ihnen vor. | 4. Ich empfehle es ihnen. | 5. Wir schicken es ihr. | 6. Es zeigt es ihnen. | 7. Er hat sie ihnen angeboten. | 8. Kauf sie dir. | 9. Sie hat es ihnen gezeigt. | 10. Er kann sie ihm beantworten. | 11. Er gibt sie ihm. | 12. Sie bringt sie ihm. 13. Bringst du sie ihm? | 14. Sie hat ihn ihm weggenommen. 15. Er hat es ihm empfohlen. | 16. Sie kaufen es ihr. | 17. Ich überweise es ihr. | 18. Er hat sie dir erklärt. | 19. Er hat sie mir nicht erzählt. | 20. Verkaufst du es ihr? | 21. Liest du ihn uns vor? | 22. Ich habe sie ihnen angeboten. | 23. Ich habe es ihm versprochen. | 24. Wünschst du es dir? | 25. Sie liefert sie ihm in vier Wochen. | 26. Gestern habe ich sie ihr geschickt. | 27. Er hat sie ihr erzählt. | 28. Ich kann sie ihm nicht schenken. | 29. Er hat es ihm gestohlen.

4.9

Übung 1
1. Ich bestelle entweder eine Pizza oder einen Salat | 2. Entweder sagst du mir die Wahrheit oder wir sind keine Freunde mehr. | 3. Zum Geburtstag wünsche ich mir entweder ein Smartphone oder eine Fotokamera. | 4. Er möchte entweder in Spanien oder in Argentinien studieren. | 5. Entweder kommst du zu mir oder ich komme zu dir.

Übung 2
1. Im Haus wohnen nicht nur alte, sondern auch junge Menschen. | 2. Ich esse nicht nur Gemüse, sondern auch Obst. | 3. Lukas war nicht nur müde, sondern auch traurig. | 4. Mary kann nicht nur lesen, sondern auch schreiben. | 5. Du warst nicht nur in Potsdam, sondern auch in Berlin.

Übung 3
1. Aziza interessiert sich sowohl für Musik als auch für Theater. | 2. Wir brauchen sowohl Gemüse als auch Reis. | 3. Er hat sowohl Schnupfen als auch Halsschmerzen. | 4. Ich mag sowohl Schokoladeneis als auch Vanilleeis. | 5. Es war sowohl kalt als auch regnerisch.

Übung 4
1. Er hat weder einen Mantel noch eine Jacke. | 2. Sonja hat weder Freunde noch Verwandte. | 3. Ich lese weder Bücher noch Zeitungen. | 4. Wir sprechen weder Chinesisch noch Japanisch. | 5. Sie mag weder klassische noch moderne Musik.

Übung 5
1. Die Suppe ist zwar kalt, aber ich esse sie. | 2. Mark lernt zwar Englisch, aber er findet Französisch schöner. | 3. Raul kommt zwar aus Spanien, aber er spricht perfekt Deutsch. 4. Die Tasche ist zwar billig, aber ihre Qualität ist gut. | 5. Die Reise war zwar interessant, aber anstrengend.

Übung 6
1. Je mehr ich arbeite, desto mehr verdiene ich. | 2. Je länger der Tag wird, desto kürzer wird die Nacht. | 3. Je älter der Mensch ist, desto mehr Lebenserfahrung hat er. | 4. Je länger ich über dein Angebot nachdenke, desto interessanter erscheint es mir. | 5. Je öfter du übst, desto schneller lernst du. | 6. Je früher du aufstehst, desto mehr schaffst du. | 7. Je mehr Süßigkeiten ich esse, desto dicker werde ich. | 8. Je trockener der Sommer ist, desto weniger erntet man.

Übung 7
1. Das Auto ist weder bequem noch schön. | 2. In den Ferien fahre ich entweder nach Italien oder nach Spanien. | 3. Peter ist zwar ein netter Kollege, aber er vergisst manchmal wichtige Termine. | 4. Sowohl meine Mutter als auch meine Oma haben blaue Augen. | 5. Zwar habe ich diese Frau schon ein paar Mal gesehen, aber ich kenne ihren Namen nicht. | 6. Sie ist sowohl meine Kollegin als auch meine Freundin. / Sie ist nicht nur meine Kollegin, sondern auch meine Freundin. | 7. Er ist weder mein Freund noch mein Kollege. 8. Ich muss mich entscheiden: entweder mache ich Karriere oder ich bekomme Kinder. | 9. Je schneller ich fahre, desto schneller bin ich zu Hause. | 10. Paul ist Vegetarier. Er isst weder Fleisch noch Fisch. | 11. Je höher das Gebäude ist, desto komplizierter ist das Bauprojekt.